기독교문서선교회 (Christian Literature Center: 약칭 CLC)는 1941년 영국 콜체스터에서 켄 아담스에 의해 시작되었으며 국제 본부는 미국 필라델피아에 있습니다. 국제 CLC는 59개 나라에서 180개의 본부를 두고, 약 650여 명의 선교사들이 이동도서차량 40대를 이용하여 문서 보급에 힘쓰고 있으며 이메일 주문을 통해 130여 국으로 책을 공급하고 있습니다. 한국 CLC는 청교도적 복음주의 신학과 신앙서적을 출판하는 문서선교기관으로서, 한 영혼이라도 구원되길 소망하면서 주님이 오시는 그날까지 최선을 다할 것입니다.

추천사

강 준 민 목사
L.A. 새생명비전교회 담임

   이 책은 하나님만 의지하며 살아온 저자의 눈물겨운 스토리입니다. 하나님 앞에서 깨어지고 부서지는 중에 고운 가루가 된 이민 목회자의 스토리입니다. 이민 목회자가 겪는 고통과 아픔과 고뇌를 담은 고난의 스토리입니다. 수많은 좌절 중에도 거듭 다시 일어선 오뚝이 목회자의 스토리입니다.

   포기하고 싶을 때, "너의 길을 멈추지 마라"라는 하나님의 음성을 듣고 사역해 온 이민 목회자의 승리 스토리입니다. 이 책은 눈물과 땀과 피로 쓴 책입니다. 그래서 큰 울림이 있습니다.

   이 책은 벼랑 끝에서 역사하시는 하나님의 스토리입니다. 이 책의 스토리 속에서 저자는 자주 벼랑 끝을 만납니다. 위기를 만납니다. 하지만 하나님은 벼랑 끝에서 저자를 비상하게 하셨습니다. 기도를 통해 위기를 찬란한 기회로 바꾸셨습니다. 눈부신 기회로 반전시키셨습니다. 영광스러운 기회로 역전시키셨습니다.

   이 책을 고난 중에 목회하는 이민 교회와 한국 교회 목회자들에게 추천하고 싶습니다. 기도의 능력이 얼마나 놀라운지 경험하길 원하는 모든 분에게 추천하고 싶습니다.

김 관 성 목사
행신침례교회 담임, 『본질이 이긴다』 저자

    김귀보 목사는 이 책을 통해 신실하게 걸어온 사람의 세포에만 새겨진 하나님의 잔인하고 놀라운 은혜를 증언합니다. 그는 주님의 몸 된 교회를 세우기 위해서라면, 자신 앞에 그 어떤 생이 허락되더라도 그 길을 걸어가겠다고 인생 전체를 하나님 앞에 드린 사람입니다.

    하지만 자신의 진심과 각오에도 불구하고 그 여정은 쉽지 않았습니다. 울어야 했고, 갈등해야 했고, 분노해야 했고, 초조한 시간을 보내야만 했습니다.

    그러나 그는 신실했습니다. 그 서럽고 막막한 시간 속에서도 결코 주를 배반하지 않았고, 그 고통스러운 시간을 주와 함께 통과했습니다. 무엇보다 아무것도 이루어지지 않을 것만 같았던 그 시간을 통해 마침내 주께서 교회를 세우신 사실을 목격했습니다. 주께서 일하시는 생생한 현장을 목격한 그는 마음을 다해 증언합니다.

    '이 모든 것은 주께서 이루신 것'이라고 하는 그의 진실한 증언을 들어보십시오. 그 어떤 생이 허락되더라도 동일한 길을 걷겠다는 복된 다짐이 여러분의 심령에도 새겨지실 겁니다.

김운용 박사
장로회신학대학교 총장

박지웅 시인은 그 열정은 누구도 당해낼 수 없다는 뜻으로 "매미가 울면 나무는 절판된다"라고 했을 것입니다. "붙어서 우는 것"이 아니고, "단단히 나무의 멱살을 잡고 우는 것"이라고, "숨어서 우는 것"이 아니라 "반드시 들키려고 우는 것"이라면서 목숨을 거는 그 처절함을 보여 줍니다. 시인은 '운다'는 표현을 사용하다가 '읽는다'는 표현으로 바꾸어 사용하면서 독자들이 매미에게 배워야 할 지혜를 읽어내야 한다는 외침을 전합니다.

추천의 글을 부탁받고 보내온 책 원고를 받아 읽다가 그 시의 첫 연이 생각이 난 것은 그런 열정을 마주했기 때문입니다. 첫 페이지에서부터 그런 열정을 마주하였기에 책을 내려놓을 수가 없었습니다.

매미에게 배우는 시인처럼, 목사님에게서 참 많은 것을 배울 수 있어서 책을 읽어내려가며 깊은 깨달음이 몰려왔습니다. 특히 어려운 이민 목회 현장에서 진솔하게 사역을 이어가고 있는 목사님과 성도님들 그리고 교회 정경까지 선명하게 그려졌습니다. 개척 몇 년 만에 큰 건물을 마련하고 입당한 지 얼마 안 된 유학생 교회에서 말씀 집회를 인도한 적이 있어서 그 영상은 더 선명했고, 글을 읽어갈수록 고개 끄덕임과 감동이 물밀듯 밀려왔습니다.

자신의 인생 계획이 '무참히 깨어진 이야기', 폭풍우 가득한 인생길에서 때론 '흔들리고 불안해하고 좌충우돌했던 이야기'를 진솔하게 전하면서, 그 가운데서 역사하셨던 성삼위 하나님께서 '끝까지 붙들어주신 이야기'를 담고 있어 한 줄 한 줄이 감동이고 은혜였습니다. 철저하게 자기 뜻을 내려놓고 하나님께 붙들리려는 한 목회자의 몸부림이 이렇게 정겹고 고맙게 느껴지는 이유는 굴곡 많은 인생길을 걸어가면서 평생 우리를 빚으시는 하나님의 손에 붙들려 완성을 향해 가는 여정이기 때문일 것입니다.

부디 이 책을 읽는 분들이 다시 일어설 용기, 다시 그 여정을 걸어갈 힘을 공급받게 되길 빌고, 힘든 이민 목회 현장에서 주님의 교회와 성도들을 세우기 위해 애쓰는 목회자들에게도 영적 지침이 될 것이라 믿어 일독을 권합니다.

양형주 목사
대전도안교회 담임, 바이블백신센터 원장

이 책은 하나님의 가슴 뛰는 인도하심이 댈러스 큰나무교회 속에 어떻게 펼쳐졌는지를 감동적이고 생생한 필치로 기록하고 있습니다. 인도하심의 한복판에 있었던 저자의 증언은 부르심을 받아 약속의 땅으로 나아갈 때, 갈 바를 알지 못하고 나아갔던 아브라함의 모습(히 11:8)을 떠올리게 합니다. 하나님의 인도는 종종 우리의 예측과 통제를 뛰어넘습니다. 그렇기에 우리는 하나님의 주권과 인도하심을 구하고도 불안과 염려로 중간에 가던 길을 멈추곤 합니다.

이 책에는 홍해 앞에서도 정신을 잃지 않고 마침내 홍해를 가르고 약속의 땅으로 나아갔던 큰나무교회의 놀라운 순례 여정이 기록되어 있습니다. 또한, 그 교회를 사랑하시는 주님의 깊은 사랑과 자비하심이 이 책 구석구석에 배어 있습니다. 이런 생생한 능력과 은혜에 사로잡힌 교회이기에, 큰나무교회의 예배, 모임, 성도들의 삶 구석구석에 하나님의 은혜가 진하게 배어 있습니다.

하나님의 인도하심에 끝까지 사로잡히기 원한다면, 큰나무교회를 통해 나타난 이 책의 증언은 큰 도전이 되리라고 확신합니다. 설레는 마음으로 일독을 추천합니다.

이 연 길 목사
말씀목회공동체 대표, 빛내리교회 원로

그를 고통의 동굴 속으로 몰아넣은 사람은 바로 나입니다.

마음이 아프거나 안타깝지도 않았습니다. 그냥 냉담하게 몰아넣었습니다. 마치 씨앗을 심고 흙을 덮어버리듯 그를 고난의 길에 던져 놓았습니다. 목회 현장에서 고난을 당하고 신음할 때 위로해 주지도 않았습니다. 도리어 고통을 당하도록 내버려 두고 웃고 있었습니다. 그런데 그는 기대했던 것처럼 넘어지지 않았습니다. 흙더미를 뚫고 머리를 내밀고 나왔습니다. 나는 그에게서 야곱의 씨름을 보았습니다.

시간이 되면 가끔 그의 목회 현장에 가서 이야기를 들었습니다. 고마운 것은 그래도 불평하지 않고, 긍정적으로 더 건강해져 가는 모습을 본 것입니다. 그는 자신과 가족이 당하는 고통을 이기기 위하여 책장에 늘 새로운 책들을 수북이 쌓아 놓고 있었습니다. 그리고 성경과 씨름하는 모습에서 희망을 보았습니다. 그렇게 20년을 뒤에서 지켜보았습니다. 그런 삶을 적어 놓은 글이 『너의 길을 멈추지 마라』입니다. 그는 이제 하나님으로부터만 듣고 사는 사람이 되었습니다.

교회 건물을 마련한 후부터 내 마음은 그를 놓아주었습니다. 하나님의 은혜의 창공을 향해 힘차게 날도록 말입니다. 그는 이제는 염려가 아니라, 자랑하고 싶은 젊은 목사입니다. 그분이 바로 자신의 고통과 고난을 당당하게 밝히고 있는 김귀보 목사입니다. 그래서 저는 이 책을 자랑스럽게 추천하는 바입니다.

최병락 목사
강남중앙침례교회 담임
『부족함』,『어둠 속에 부르는 노래』,『쏟아지는 은혜』 저자

반가운 책이 세상에 나왔습니다. 큰나무교회의 이야기는 반드시 책이 되어 세상에 나와야 했습니다.

큰나무교회의 시작과 지금을 모두 지켜본 저는 그 이야기가 감추어져 있지 않고 등경 위에 올라간 빛처럼 들려져야 할 이야기라는 확신이 있었습니다.

개척 교회보다 힘든 교회에 부임하여 성도들을 그리스도의 제자로 변화시키고, 영향력 있는 교회로 세운 큰나무교회의 스토리는 이민 사회를 넘어서서 한국 교회에도 들려져야 할 감동적인 스토리입니다.

김귀보 목사님과는 초등학교 때부터 친구로 지냈습니다. 그의 인격과 신앙의 깊이는 중학교 시절부터 두드러졌고, 목회자로서 갖추어야 할 지성, 영성의 균형을 남들보다 이른 나이에 겸비하기도 했습니다.『너의 길을 멈추지 마라』라는 제목처럼, 제가 본 김귀보 목사님과 큰나무교회는 멈추어 있던 적이 단 하루도 없었습니다.

큰나무교회는 언제나 진행형입니다. 이 책에 담긴 이야기는 분명 여러분의 가슴을 뛰게 할 것입니다. 그리고 책장을 덮을 때는 큰나무교회의 이야기가 아니라, 예수님의 이야기라는 것을 발견하게 될 것입니다.

너의 길을 멈추지 마라

Don't Stop on Your Path
Written by Guibo Joseph Kim
All rights reserved.
Korean Edition Copyright ⓒ 2021 by Christian Literature Center, Seoul, Korea.

너의 길을 멈추지 마라

2021년 11월 5일 초판 발행

지 은 이 | 김귀보

편　　집 | 황평화
디 자 인 | 박성준, 이지언
펴 낸 곳 | (사)기독교문서선교회
등　　록 | 제16-25호(1980.1.18.)
주　　소 | 서울특별시 서초구 방배로 68
전　　화 | 02-586-8761~3(본사) 031-942-8761(영업부)
팩　　스 | 02-523-0131(본사) 031-942-8763(영업부)
이 메 일 | clckor@gmail.com
홈페이지 | www.clcbook.com
송금계좌 | 기업은행 073-000308-04-020 (사)기독교문서선교회
일련번호 | 2021-118

ISBN 978-89-341-2365-1 (03230)

이 책의 저작권은 저자와 (사)기독교문서선교회가 소유합니다. 신저작권법에 의하여 한국
내에서 보호받는 저작물이므로 무단 전재와 무단 복제를 금합니다.

너의 길을 멈추지 마라

Don't Stop on Your Path

김귀보 지음

CLC

목차

추천사   1
   강 준 민 목사 | L.A. 새생명비전교회 담임
   김 관 성 목사 | 행신침례교회 담임
   김 운 용 박사 | 장로회신학대학교 총장
   양 형 주 목사 | 대전도안교회 담임, 바이블백신센터 원장
   이 연 길 목사 | 말씀목회공동체 대표, 빛내리교회 원로
   최 병 락 목사 | 강남중앙침례교회 담임

감사의 글   15
프롤로그   17

제1부 하나님의 손에 붙들리다   19
  1. 인생을 바꾼 어느 겨울의 추억   20
  2. 아, 이 느낌!   25
  3. 점점 수렁 속으로   29
  4. 아, 주말엔 뭐 하지?   35
  5. 말씀은 아직도 살아 있다   39

제2부 그냥 따라가면 되는 줄 알았어요   43
  1. 앗, 여기가 가나안 땅이 아니었나 봐!   44
  2. 왜 우리는 안 되죠?   48
  3. 주일마다 비 내리는 교회   52
  4. 왜 하필이면 그날에 …   56

제3부 앞 길이 안 보여도 신뢰하라   60
1. 출애굽 했는데 왜 돌아가?   61
2. 연애 편지보다 더 기다려지는 편지   64
3. 어찌 한 술 밥에 배부르랴   68
4. 뿌리째 흔들리다   72
5. 도대체 끝이 어딥니까?   77

제4부 한 번도 걸어보지 않은 길   81
1. 간이 부은 사람들   82
2. '모노'(Mono)에서 '스테레오'(Stereo)로   86
3. 체질을 바꾸기가 그리 쉽더냐   91
4. 끝없는 이별 연습   95
5. 하나님의 속도   100

제5부 끝까지 방황해야 새로운 길이 보인다   104
1. 다시 광야로 들어가다   105
2. 마음에 중풍병이 찾아오다   110
3. 하나님의 침묵이 깨지다   114
4. 심장이 다시 뛰기 시작하다   119
5. 하나님이 일하시기 시작하다   124

제6부 약속의 말씀 하나 붙들고 끝까지 간다   129
1. 얼마면 됩니까?   130
2. 여리고 프로젝트   135
3. 아직도 넘어야 할 산이 많이 남았다   140
4. 목사님, 8,000불이에요   145
5. 가슴을 아프게 하는 결정   150
6. 약속을 이루신 하나님   154

제7부 그 이후 그리고 못다 한 이야기 — 157
1. 나무는 가꾸어야 한다 — 158
2. 천 번을 흔들려야 굳게 선다 — 163
3. 존재할 가치 있는 교회를 꿈꾸다 — 168
4. 꿈으로 보여 주신다고요? — 175
5. 불임 부부의 노래 — 182
6. 설교의 위기와 극복 — 188
7. 요셉의 구덩이에 던져지다 — 196

에필로그 — 202

감사의 글

김 귀 보 목사
큰나무교회 담임

길이 막힐 때 "길이 없다. 길이 안 보인다"라고 이야기를 합니다. 그런데 인생에서 길이 보이지 않고 막힐 때마다 함께 해 주시고, 보이지 않는 길, 막힌 길을 함께 걸어주신 하나님께 감사드립니다.

목회자로 살아갈 수 있도록 동행해 주신 분들이 계십니다. 성경을 보는 법을 가르쳐 가르쳐 주시고 '말씀 목회'의 길을 열어 주신 아버지 같은 이연길 목사님, 설교자로 어떻게 살아야 할지를 몸소 보여 주신 김운용 교수님, 넓은 안목으로 목회의 지혜를 나누어 주시는 강준민 목사님께 감사드립니다. 죽마고우로 삶과 신앙에 늘 힘이 되어 주는 최병락 목사님, 고등학교 때 만나 지금까지 절친한 친구인 김관성 목사님, 신대원에서 만나 사역의 동역자로 큰 힘이 되는 양형주 목사님, 가까이에서 고단한 목회의 길에 기도와 사랑을 나눠 주는 '우노'(UNO) 목회자들에게 감사드립니다.

하늘에 계신 너무나 그리운 아버지 김석조 장로님, 부족한 종을 위해서 날마다 기도로 중보해 주시는 어머니 최정광 권사님, 장인어른 전응용 목사님과 장모 이원미 목사님께 감사드립니다.

지난 시간 저와 동고동락하면서 함께 하나님의 나라를 이루어 가고 있는 멋진 큰나무교회 성도님들과 마음을 다해서 함께 동역하고 있는 큰나무 사역자 부부들에게 감사드립니다.

무엇보다 제 아내 전지원 사모에게 감사합니다. 안정적인 삶보다는 늘 미지의 세계로만 뛰어가는 저를 따라오기가 벅차고 힘들었을 것입니다. 그런데도 항상 곁에서 지혜로운 조언과 따뜻한 격려로 가장 큰 위로자와 친구로 늘 힘이 되어 주었습니다. 또한, 존재만으로도 저에게 항상 기쁨을 주는 딸 지우에게 감사합니다.

끝으로 저의 졸고를 빛나게 만들어서 세상에 나오기까지 수고해 주신 기독교문서선교회(CLC) 대표 박영호 목사님과 출판사 팀에게 감사드립니다.

프롤로그

인생을 살아오면서 제가 한 장담은 모두 부질없는 공허한 메아리가 되어 버렸습니다. 입국 비자를 받기 위해서 미국 대사관에서 인터뷰할 때 5년 종교 비자를 받으면서 5년이 지나기 전에 반드시 한국에 다시 돌아올 것이라고 자신만만하게 말을 했습니다. 그것은 비자를 받기 위해서 한 빈말이 아니라 저의 진심이 담긴 말이었습니다. 그런데 저는 지금 16년째 미국에서 살고 있습니다.

아내와 결혼하면서 "나는 개척 교회는 절대로 하지 않는다"라고 굳게 약속했습니다. 그때 아내에게 한 약속은 결혼하기 위한 입에 발린 말이 아니라 저의 인생의 계획이고 신념이었습니다. 그런데 저는 유학생 목회를 시작해서 개척 교회 과정을 거쳐 16년째 이민 목회를 담당해 오고 있습니다.

저의 장담 속에는 성공을 향한 제 인생의 꿈이 담겨 있었습니다. 제가 그려놓은 그림대로 차근차근 과정을 밟아서 원하는 자리까지 가길 바랐습니다. 그것이 이루어지려면 적어도 제가 확신하면서 했던 말은 지켜져야 했습니다. 그런데 제가 했던 장담은 보기 좋게 공수표가 되어 버렸습니다.

놀라운 것은 저의 확신에 찬 말이 다 틀어지고, 저의 계획이 보기 좋게 물거품이 되었고, 저의 장담이 공허한 메아리로 변했는데도 저의 인생은 오히려 더 건강하고 행복하게 세워졌습니다. 하나님은 저의 계획을 무너뜨리면서 제가 생각지도 못했고, 기대하지도 않았던 길로 인도하셨습니다. 토기장이가 진흙으로 토기를 빚듯이 저의 인생의 진흙을 이겨서 하나님의 손으로 직접 멋진 작품으로 빚어주셨습니다.

내 생각, 틀, 계획, 장담, 기대와 확신이 다 깨어져야 비로소 하나님의 손에서 새롭게 빚어집니다. 깨지지 않고 부서지지 않으면 가루가 될 수가 없고 가루가 되지 않으면 반죽이 될 수 없습니다. 하나님의 인도하심은 우리 인생이 부서지고 가루가 되는 과정입니다. 고통의 과정입니다. 이 과정에서 가장 중요한 것이 하나님을 향한 신뢰입니다. 하나님을 신뢰하지 못하면 하나님의 인도하심을 받지 못합니다.

그래서 하나님의 인도하심은 관계에 관한 이야기입니다. 하나님은 당신의 형상으로 우리를 창조하시면서 창조주와 피조물의 관계를 맺으셨습니다. 예수님의 십자가로 우리를 구원하시면서 아버지와 아들의 관계를 맺으셨습니다. 성령님을 우리 안에 거하게 하시면서 영원한 동행의 관계를 맺으셨습니다. 이 관계는 사랑과 신뢰의 관계입니다. 우리 인생이 아무리 요동쳐도 하나님이 우리와 맺으신 관계는 흔들리거나 변하지 않습니다.

제1부
하나님의 손에 붙들리다

1. 인생을 바꾼 어느 겨울의 추억
2. 아, 이 느낌!
3. 점점 수렁 속으로
4. 아, 주말엔 뭐 하지?
5. 말씀은 아직도 살아 있다

1

인생을 바꾼 어느 겨울의 추억

1995년 겨울은 제 인생에 잊을 수 없는 기억으로 남아 있습니다. 논두렁을 태우다가 옆에 있는 산 하나를 통째로 태워버리는 일이 일어났습니다. 산불이 나고 얼마 지나지 않아서 소방용 헬기가 날아왔고, 면 소재지에 본부를 두고 있었던 방위병 전원이 화재를 진화하는 데 투입되었습니다. 작은 시골 마을에서 몇십 년 만에 있을까 말까 한 일이 생긴 것입니다.

TV 뉴스를 통해 산불을 진화하기 위해 헬기들과 군인들이 동원되는 장면을 여러 번 본 적이 있었지만, 제가 그 주인공이 되리라고는 상상도 못 했습니다. 그것도 어린아이가 불장난하다가 저지른 일도 아니고, 육군 병장으로 만기 제대한 다 큰 청년이 그랬으니 말입니다.

그 일은 순식간에 일어났습니다. 논두렁에 불을 붙이는 순간 강한 바람이 불어서 불이 순식간에 몇 미터를 날아서 산으로 옮겨붙어 버렸습니다. 혼자서 불을 끄려고 해도 아무 소용이 없었습니다. 나뭇가지를 꺾어서 퍼져나가는 불을 필사적으로 막아보았습니다. 그런데 바람이 불면 불길은 한 번에 2~3미터씩 도망가버렸습니다. 활활 타오르는 불길을 멍하니 바라보는 것 외에 제가 할 수 있는 것은 없었습니다.

정신을 차리고 마을 회관으로 차를 몰았습니다.

"아, 아, 아, 동민 여러분!

마을 이장입니다!"

이런 방송 아시지요?

그 마이크를 잡고 급하게 소리쳤습니다.

"동네 사람들요, 산불 낫십더. 빨리 와 주이소."

그다음에 일어난 일은 자세하게 기억이 나지 않습니다.

산불이 진화되고 집으로 가는데 두 가지 두려움이 저를 괴롭혔습니다.

첫째, 아버지께 다리 몽둥이가 분질러지겠구나!

전형적인 경상도 남자인 아버지는 마음은 따뜻하신데 겉으로는 무뚝뚝하고 무서운 분이셨습니다. 집에 들어갔을 때 저를 대할 아버지의 모습이 선명하게 그려졌습니다. 무서운 얼굴로 서서 소리치면서 혼이 쏙 빠지도록 야단을 치실 것이 분명했습니다.

둘째, 9시 저녁 뉴스에 제가 낸 산불 이야기가 주요 뉴스로 다뤄지리라 생각했습니다. 전국 방송에 제 이름이 불리고, 방화범으로 감옥에 갈 수도 있다는 생각이 저를 두렵게 했습니다.

긴장하면서 떨어지지 않는 발을 옮겨서 집으로 들어서는 순간 마당에 서 계신 아버지가 보였습니다.

"방에 들어가서 쉬어라!"

이 한마디가 전부였습니다. 그 이후로 아버지는 산불에 대해서 어떤 책망도 야단도 치지 않으셨습니다. 오히려 충격을 받았을 저를 걱정하는 표정이었습니다. 난생처음으로 아버지로부터 가장 큰 위안과 위로를 받았던 때입니다. 두려운 겉모습 뒤에 가려진 아버지의 속 깊은 사랑을 처음으로 알게 된 때이기도 했습니다.

저녁을 먹고 난 뒤 가족들이 모두 TV 앞에 앉았습니다. 긴장된 눈으로 9시 뉴스를 지켜보았습니다. 뉴스 시작과 함께 타이틀이 나왔습니다.

"오늘 전국에 산불이 …."

'드디어 올 것이 왔구나!'

조금 뒤 화면은 상공을 날면서 물을 뿌리는 소방용 헬기와 산불을 진화하는 사람들의 모습을 보여 주었습니다. 그런데 그 산은 제가 태워버린 산이 아니었습니다. 그날 전국적으로 대형 산불이 났습니다. 지리산, 설악산 … 모두 대형 규모였습니다. 제가 태운 산은 그것에 비하면 너무 작아서 뉴스거리에도 끼지 못하는 웃지 못할 일이 벌어진 것입니다.

다음 날부터 아버지는 저 몰래 면사무소로, 민방위 본부로, 경찰서로 발에 땀이 나도록 뛰어다니시면서 아들이 처벌을 받지 않도록 모든 조치를 취하셨습니다. 산 주인과 잘 이야기해서 불탄 나무를 잘라내고, 새로운 나무를 심어주는 것으로 모든 문제를 해결하기로 합의를 했습니다. 결국, 저를 두려움 속에 떨게 했던 두 가지 일은 현실화하지 않고 마무리되었습니다.

산불을 낸 직후에 본 영화가 <구름 속의 산책>입니다. 키아누 리브스가 주연을 맡은 작품입니다. 와이너리(Winery)를 배경으로 하는 작품인데, 그 영화의 후반부에 가면 포도밭이 완전히 불타버리는 장면이 나옵니다. 산불 트라우마가 있던 저의 눈에 가장 강력하게 들어온 장면은 포도원이 불타는 광경이었습니다.

'맞아, 불은 저렇게 타는 거야!

이 영화 불이 타는 장면을 정말 실감 나게 만들었네.'

영화를 보면서 전혀 엉뚱한 생각을 하는 여유까지 생겼습니다.

<구름 속의 산책>에서 가장 인상 깊었던 장면이 두 장면입니다.

첫째, 그 넓고 광활한 포도원이 다 타버렸는데 잿더미 속에서 살아 있는 포도나무 뿌리 하나를 발견하고 모든 것을 얻은 것처럼 기뻐하는 주인공의 모습이었습니다. 사실 그때는 그것이 이해되지 않았습니다. 작은 뿌리 하나에 비하면 다 타버린 포도밭이 너무 크게 보였기 때문이었습니다.

둘째, 키아누리브스가 아내에게 이혼 당하고 난 뒤에 너무 기뻐하는 모습입니다. 속으로 '이혼 당하고 너같이 좋아하는 남자는 처음 본다'라고 했던 기억이 납니다. 사실 키아누리브스가 이혼을 당하고 그리 기뻐했던 것은 새로운 사랑을 꿈꾸고 있었기 때문이었습니다.

사실 그때 대학에서 경영학을 전공하고 있었고, 군 복무를 마치고 3학년으로 복학을 앞두고 있었습니다. 더 중요한 것은 요나처럼 하나님의 부르심으로부터 도망칠 계획을 하고 있었습니다. 중학교 2학년 때 처음 성령 체험을 하고 얼떨결에 목회자로 서원을 한 뒤부터 두 번의 도주 계획은 보기 좋게 좌절되었습니다. 하나님은 저의 도주 계획을 중학교 3학년 때 '색맹 사건', 고등학교 3학년 때 '학력고사 사건'으로 가볍게 제압하셨습니다. 그런데 군 복무와 복학을 계기로 또 한 번의 도주를 계획하고 있었던 것입니다. 그 세 번째 시도조차도 '산불' 하나로 보기 좋게 좌절당해버렸습니다. 하나님은 세 가지 사건으로 제 인생을 삼진 아웃시키시고 더는 탈출을 꿈꿀 수 없는 당신의 종으로 만드셨습니다.

제가 하나님의 부르심으로부터 도망치려고 했던 이유가 있었습니다. 바로 '두려움' 때문이었습니다. 소심하고 부끄러움을 많이 타는 성격, 남들 앞에서 말 한마디도 제대로 하지 못하는 말주변 없는 사람, 남들을 이끄는 리더십이라고는 찾아볼 수 없는 전형적인 막내. 아무리 생각해도 목회자로서의 제 모습이 그려지지 않았습니다. 그 삶이 행복할 것 같지도 않았습니다. 그래서 저는 필사적으로 도망칠 수밖에 없었습니다.

그런데 지금 돌이켜 보면 하나님이 저를 가장 잘 아셨다는 생각이 듭니다. 그때는 이해하지 못했는데, 포도원이 다 타버리고 살아남은 뿌리 하나로 기뻐하던 주인공의 모습이 지금 저의 모습입니다. 제가 그렇게 크게 생각했던 세상의 포도밭을 다 태워버리고, 살아남은 복음의 뿌리를 저에게 주셔서 하나님의 나라의 포도밭을 새로 일구게 하셨습니다. 세상으로부터 이혼당하고 예수님의 새로운 신부가 되어서 하나님 나라를 꿈꾸면서 살게 하셨습니다. 그때의 두려움은 사라졌고, 하나님을 두려워하는 새로운 두려움이 자리 잡았습니다.

2

아, 이 느낌!

2003년 12월, 새문안교회의 대학부 전임 사역이 끝나가고 있었습니다. 이후의 인도하심을 기다리고 있는데 미국에서 연락이 왔습니다. 댈러스(Dallas)에 있는 가장 큰 한인 교회에서 파트타임 스텝으로 사역을 하면서 공부할 기회가 열렸습니다.

막연하게 미국으로 유학을 하러 갈 것 같다고 생각하고 있었는데, 이런 방식으로, 이렇게 빨리 열릴지는 몰랐습니다. 종교 비자에, 파트타임 일에, 학위까지 끝낼 수 있다니 모든 것이 완벽했습니다. 목사 안수를 받고 난 뒤 미국 대사관에서 발행해 준 5년짜리 종교 비자를 손에 쥐고 미국행 비행기에 올랐습니다. 5년 뒤에 학위를 받고 돌아올 장밋빛 꿈에 가슴이 마구 뛰었습니다.

댈러스에 도착한 순간 저를 반긴 것은 크고 화려한 현대식 공항이 아니었습니다. 마치 지방의 버스터미널 같은 작고 허름한 건물이었습니다. 뉴욕 같은 번화한 모습을 꿈꾸고 왔는데, 크고 화려한 도시의 모습은 어디에도 찾아볼 수 없었습니다. 미국에서는 댈러스가 지방 시골이라는 것을 제가 몰라도 너무 몰랐던 것입니다. 첫날부터 뭔가 느낌이 이상했습니다. 마치 오지 말아야 할 곳에 온 것 같은 느낌이었습니다. 한국에서 혼자 머릿속에 그렸던 그림과 달라도 너무 달랐습니다.

미국에 도착한 지 3개월 만에 한 교회로부터 설교 부탁을 받았습니다. 댈러스에 있는 교회가 아니었습니다. 댈러스에서 북쪽으로 40마일가량 떨어진 이름도 생소한 덴턴(Denton)이라는 곳이었습니다. 댈러스도 지방인데 덴턴은 시골 소도시 같은 느낌이었습니다.

내비게이션도 없고, 지리도 익숙하지 않은 때라, 지도책을 보면서 어렵게 교회를 찾아갔습니다. 교회에 도착했는데 분위기가 썰렁했습니다. 보통은 목회자가 설교하러 오면 교인들이 밖에 나와서 인사도 하고, 반갑게 맞아줍니다. 그런데 대부분의 성도가 저를 못 본 척 그냥 예배실로 들어가 버렸습니다. 교회의 대표되는 것 같은 분의 안내로 예배실로 들어갔습니다.

예배당에 앉아 있는 사람들은 아이들까지 다 포함해도 15명 남짓 되어 보였습니다. 예배가 시작되고 설교하기 위해서 강단에 섰는데 숨이 헉하고 멎는 것 같았습니다. 설교자를 쳐다보는 성도들의 눈에 은혜의 광채가 나야 하는데, 그들의 눈에는 살기가 느껴졌습니다. 사람의 눈에 살기가 있을 수 있다는 것은 군대에서 처음 느꼈습니다. 그런데 예배를 드리기 위해서 모인 사람 중에서 그런 눈을 또다시 보게 되리라고는 상상도 못 했습니다.

그제야 예배당에 들어왔을 때 사람들이 서로를 쳐다보지도, 이야기를 나누지도 않았다는 사실이 생각났습니다. 나중에 알게 된 사실이지만, 성도들이 세 개의 파로 나누어져서 서로 싸우는 중이었습니다. 그 와중에 13년을 교회를 섬겼던 목회자가 사임해야 하는 일이 일어났습니다.

　그날 설교 내용이 무엇이었는지, 어떻게 했는지 하나도 기억이 나질 않습니다. 예배 후에 다과 시간과 대화 내용도 기억이 나질 않습니다. 단 한 가지 기억에 남는 것은 '충격' 밖에 없었습니다. 빨리 집으로 돌아가고 싶은 마음뿐이었습니다.

　차를 타고 집으로 돌아오면서 혼자 생각을 했습니다.

　'세상에 있는 교회는 다 가도 이 교회에는 절대로 다시 오고 싶지 않다.'

　그런 생각을 하면서 운전을 하는데 갑자기 제 머릿속을 치고 들어오는 생각이 있었습니다.

　'하나님이 나를 이 교회로 보내실 것 같다.'

　상상하기도 싫은 생각이 갑자기 제 머릿속을 침범한 것입니다.

　아, 이런 느낌은 어찌 그리 정확한지요?

　결국, 2개월 뒤에 그 교회에 담임목사로 부임했습니다.

　하나님이 쳐 놓은 덫에 딱 걸려버린 것입니다. 제 마음속에 개척 교회는 절대로 하지 않는다는 결심이 있었습니다. 소위 말하는 목회자의 엘리트 코스를 꿈꾸고 있었습니다. 좋은 교단 신학교를 나와서, 규모가 있는 교회에서 부교역자로 생활하고, 유학을 다녀와서 제가 배우고 싶은 교회에서 부교역자로 생활하다가, 담임목사로 청빙을 받아 가는 것이었습니다. 그런데 하나님이 그런 저의 모든 계획을 물거품으로 만들어 버렸습니다.

　개척 교회조차 하고 싶어 하지 않았던 저를, '개척 교회, 이민 교회, 유학생 교회'라는 3종 세트 속으로 몰아넣으신 것입니다. 스스로는 이런 교회를 선택하지 않을 테니까 유학, 종교 비자, 가장 큰 이민 교회라는 딱 좋은 미끼를 던지셔서 저를 낚으신 것입니다.

   그때 저의 나이 32살, 장밋빛 미래를 꿈꾸는 햇병아리 목사에게 진짜 믿음의 세계를 경험하라고 내동댕이치신 것입니다. 이것은 하나님이 하시는 일의 서막에 불과했습니다.

3

점점 수렁 속으로

교회에 부임하고 난 후 성도들은 저를 만날 때마다 전임 목사님을 깎아내리는 이야기를 했습니다. 교회 일을 의논하다가도, 자기들의 이야기를 하다가도 결론은 꼭 전임 목사님 이야기로 바뀌었습니다. 정말 많은 이야기를 들었습니다. 동전에도 양면이 있듯이, 사람들의 이야기도 양쪽을 다 들어봐야 제대로 된 사실을 알게 됩니다. 성도들의 이야기, 전임 목사님의 이야기 그리고 성도가 아닌 주변 사람들의 이야기를 들으면서 흩어져 있던 퍼즐 조각들이 하나둘씩 맞춰지고 그림이 선명하게 완성이 되었습니다.

전임 목사님은 유학생들이 올 때마다 공항 라이드에서부터 모든 것을 뒷바라지했습니다. 아파트를 구하기, 전화기 개통, 전기 계통, 쇼핑 도와주기, 이사 도와주기 등 하나부터 열까지 모두 목사님의 몫이었습니다.

밤에는 교회 사례비로는 부족한 생활비를 보충하기 위해서 청소 일을 하셨습니다. 목사님은 잠을 제대로 자지 못해서 늘 피곤하고, 체력적으로 힘들어 지쳐있었습니다. 사모님도 주중에는 식당에서 일하는 것으로 가정 경제를 꾸려나가셨습니다. 성도들은 목사님에게 자기들의 유학생활을 다 책임져주고, 거기다가 영적 은혜까지 넘치도록 채워주는 만능 목회자(Super Pastor)를 원하고 있었던 것입니다. 이런 성도들의 요구를 다 충족시켜줄 목회자는 어디에도 없을 것입니다.

전임 목사님은 자신의 인생에서 가장 왕성한 40~50대를 교회와 성도들을 위해서 다 바쳤습니다. 13년 동안 목사님과 사모님의 도움과 사랑을 받지 않은 사람들이 없었습니다.

'한 목회자의 13년의 피땀 흘린 수고를 이렇게 짓밟아 버릴 수 있구나!

이 땅에 있는 작은 교회 목회자들이 얼마나 많이 이런 식으로 자신의 사랑과 수고를 배신의 고통으로 되돌려 받았을까?'

이런 생각을 하니 가슴이 아팠습니다.

물론 하나님이 그 수고를 다 알아주시겠지만, 인간적으로 받은 그 상처를 어디에서 위로받겠습니까?

목회자의 잘잘못을 떠나서 한 사람의 13년의 수고를 인간적으로라도 존중해 주지 않는 사람들에게 화가 났습니다. 더욱이 제가 목회해야 할 성도들이 이런 사람들이라는 것에 마음이 암담했습니다. 이들과 함께할 기대와 희망이 다 무너져버렸습니다. 교회의 속사정 하나둘씩 알아가면 알아갈수록 절망만 생겼습니다.

이런 성도들과 무엇을 어떻게 해야 하나?

앞이 막막했습니다. 나를 이곳으로 보내버린 하나님이 원망스럽기도 했습니다.

'내 인생은 왜 여기 이렇게 있어야 하나?'

이런 생각에 슬프기도 했습니다. 이대로 가만히 있다가는 나도 죽고, 교회도 죽겠다는 위기감이 생겼습니다. 그래서 고민하고 기도하는 가운데 성도들에게 던질 '폭탄 선언'을 준비했습니다.

"오늘 예배 후에 운영위원회 모임을 잠깐 가지겠습니다."

사전에 공지되지 않은 광고였습니다. 예배 후에 운영위원들의 수군거리는 소리가 들려왔습니다.

"뭣 때문에 모이는 거야?"

"몰라, 집사님은 알아?"

모두 교회에 급한 문제가 생긴 줄 알고 어리둥절했습니다.

"저는 공항 라이드, 이삿짐 옮기는 것, 유학생들의 정착을 돕는 일은 하지 않을 것입니다. 그런 일들은 여러분이 담당해 주십시오."

말 그대로 폭탄이었습니다. 이민 교회(유학생 교회) 목회자, 그것도 개척 교회나 다름없는 교회 목회자의 입에서 도저히 기대할 수 없는 말이 떨어진 것입니다. 둘러앉은 운영위원들은 난감한 표정을 숨기려는 모습이 역력했습니다.

저의 긴 설명이 이어졌습니다.

> 저는 목회자가 가장 시급하고 중요하게 해야 할 일이 있다고 생각합니다. 그것은 말씀을 연구하고, 기도하고, 심방하면서 여러분을 영적으로 돌보는 일입니다. 제가 이런 일에 소홀히 하면 교회도 힘들어지고, 여러분에게도 손해입니다. 말씀을 연구하고, 기도하고, 심방하는 것으로 온종일 수고하고, 땀을 흘리고, 밤을 새우라고 하면 기쁨으로 하겠습니다. 제가 제대로 된 목회를 할 수 있도록 여러분들이 함께 도와주십시오.

성도들에겐 저의 긴 설명이 별 효과가 없어 보였습니다. 하지 않겠다는 것의 또 다른 변명으로밖에 들리지 않았던 것입니다. 워낙 단호하게 이야기를 했기 때문에 아무도 반발을 하지 못하고 모임을 마쳤지만, 표정에는 불만이 가득했습니다. 시간이 지나면서 뒤에서 수군거리는 소리도 가끔 들려왔습니다.

"전임 목사님은 다 하셨는데 왜 안 해?"

제가 안 한다고 하니까 어쩔 수 없이 성도들이 맡아서 하기 시작했습니다. 그런데 기쁨으로 하기보다는 반쯤 화가 난 마음으로 했습니다. 일하고 난 뒤에 저에게 이야기하는 목소리에서 불평이 느껴졌습니다.

목회 초년병의 미숙함이 그대로 드러난 사건이었습니다. 강하고 단호하게 이야기하는 것이 강력한 지도력이라고 생각했습니다. 운영위원회에서 의논할 안건을 사전에 누구와도 상의하지 않았습니다. 누군가와 미리 의논하는 것은 하나님보다 그 사람을 의지하는 것으로 생각했습니다. 운영위원회 시간에 다 같이 듣고, 그 자리에서 의논하고 기도하고 결정하는 것이 하나님이 원하시는 것이고, 또 공평한 일이라고 생각했습니다.

지금 생각하면 참 미숙했다는 생각을 많이 합니다. 커뮤니케이션 기술이 부족했던 것이지요. 제가 하나님 앞에서 바르면 되고, 정직하면 되고, 하나님의 뜻대로만 잘하면 된다고 생각했습니다. 저의 입장에서만 생각했지, 저와 한 배를 탄 성도들의 마음까진 배려하지 못했던 것입니다. 목회는 하나님의 뜻대로 하지만, 사람과 함께 하는 것인데 사람을 충분히 배려하지 못했던 것입니다.

젊은 목사의 패기, 정의감, 교회를 바르게 세우고 싶은 열정이 뒤엉켜서 나온 반응들이었습니다. 마치 초보 운전자가 운전하듯이 거칠고 미숙한 운전 솜씨로 하이웨이를 달린 것입니다. 가속 페달을 빠르게 밟았다가 급하게 브레이크로 발을 옮기는 것을 반복했습니다. 함께 타고 있던 성도들이 얼마나 멀미가 났을지 시간이 지나고 나서야 보였습니다.

아마도 지금 그 상황에 다시 놓인다면 결정하는 내용과 방향은 크게 다르지 않을 것입니다. 그런데 좀 더 성도들을 배려하면서 부드럽게 성도들과 대화를 했을 것입니다. 공항 라이드와 유학생 돌보는 일을 하지 않겠다고 했지만, 사실은 상황이 될 때마다 공항으로 라이드를 나갔고, 유학생들이 정착하도록 돕는 일을 했습니다.

안 한다고 말을 했어도 형편이 안될 땐 목사가 어찌 두 손 놓고 보고만 있겠습니까?

원래 제 성격은 소심한 편입니다. 겁이 많은 '쫄보'이기도 하고요. 사람들을 한 손에 휘어잡는 '큰형님' 스타일은 죽어도 못 됩니다. 그런데 소심한 쫄보들에게 나타나는 전형적인 모습이 있습니다. 자기를 든든히 지켜주는 힘 있는 사람이 나타나면 그 사람 뒤에 숨어서 큰소리를 칩니다.

저에게도 그런 소심한 쫄보의 모습이 있습니다. 그분이 사람이 아니라 하나님이신 것이 다를 뿐입니다. 두렵고 무섭다가도 하나님이 마음에 확신을 주시면 앞뒤 계산하지 않고 일을 추진합니다. 소심한 쫄보가 하나님을 믿고 큰소리를 치는 거지요.

감사하게도 폭탄 선언 이후 성도들은 제가 방향을 잡고 가는 대로 따라왔습니다. 그런데 이것은 겉모습일 뿐이고 내부 사정은 언제 터질지 모르는 지뢰를 발아래 둔 듯 불안했습니다. 난폭한 초보 운전자인 목회자와 편안한 리무진을 타고 싶은 성도들의 불편한 동거가 시작된 것입니다.

이 불편한 동거 속에서 하나님은 주님이 주인인 교회를 세워가셨습니다. 앞으로 펼쳐질 일은 하나님이 감독이시고, 주인공은 예수님 그리고 우리는 모두 엑스트라에 불과하다는 사실을 깨달아가는 과정입니다.

4

아, 주말엔 뭐 하지?

교회 사역을 시작함과 동시에 금요일 청년 모임을 시작했습니다. 금요일에 성경 공부와 찬양 집회를 하겠다고 광고했습니다. 반응이 시큰둥했습니다. 황금 같은 주말에 스트레스도 풀고 놀아야 하는데 왜 모임을 하느냐는 표정이었습니다. 첫날에 5~6명의 청년이 모였습니다.

찬양팀을 만들어 보았습니다. 인도자, 드럼, 기타, 키보드 한 명씩 하니까 회중석에 앉아 있는 사람은 겨우 한두 명에 불과했습니다. 찬양팀은 볼품없는 외인구단이었습니다. 찬양 인도를 해 본 적 없는 인도자, 드럼을 한 번도 쳐 본 적 없는 드럼 연주자, 이제 배우기 시작한 기타 연주자, 그 와중에 키보드만 제대로 된 소리가 났습니다. 이들을 데리고 30분 찬양하고 난 뒤 설교를 했습니다.

유학생들이 주말이면 다른 곳으로 가지 않고 교회로 와서 함께 찬양하고, 기도하고, 말씀으로 하나님이 주신 비전을 꿈꾸게 하자. 지금은 5~6명이 모이지만 앞으로 이 성전에 청년들로 가득 차게 하자.

열정을 다해서 설교했습니다. 그리고 난 뒤에 기도 시간을 가졌습니다. 그런데 놀라운 일이 일어났습니다. 기도회를 시작하기가 무섭게 울음바다가 되어버렸습니다. 다음 주도 똑같았습니다. 그 다음 주도 다르지 않았습니다. 저는 제 설교가 너무 파워가 있어서 그런 줄 알았습니다. 그런데 몇 주를 지켜보니 말씀이 은혜로워서가 아니라 서러워서 우는 것이었습니다. 당한 것이 많아서, 외로워서, 너무 힘들어서 서러움에 복받쳐서 울었던 것입니다.

가까이에서 지켜본 유학생의 삶은 겉으로 보이는 모습과는 너무나 달랐습니다. 비전과 꿈을 찾아서라는 이름으로 태평양을 건너왔지만, 그들을 기다린 것은 '무지개 너머에 있는 파란 나라'가 아니었습니다. 살아남기 위해서 고군분투해야 하는 살벌한 정글과 같은 곳이었습니다.

한국어로 석·박사 과정을 공부해도 벅찬데, 미국 학생들에 비하면 어린아이 수준의 듣기와 말하기 영어 실력으로 그 모든 것을 소화하려고 하다 보니 받는 스트레스가 이만저만이 아니었습니다. 자기 혼자 공부하는 것이 아니라, 수준이 높은 동료들과 경쟁까지 해야 하니 그들의 어깨 위에 올려진 힘겨움의 무게는 상상을 초월합니다.

매일 영어 때문에 자존심에 금이 가고, 교수님의 말에 상처를 입고, 하고 싶은 말을 속 시원히 할 수 없어서 바보처럼 당하기만 합니다. 학업의 과중한 스트레스, 뼛속까지 파고드는 외로움, 향수병으로 속에서 피를 철철 흘리면서도 울음을 속으로 삼키면서 견뎌야 합니다. 마치 정글에 홀로 내던져진 상처 입은 야수가 혀로 자기 상처를 핥으면서 살아가는 모습과 닮았습니다.

주말이 되면 일주일 동안 꾹꾹 눌러 놓았던 긴장감이 풀리면서 쌓인 스트레스를 어떻게 해결해야 할지 몰라서 답답해합니다. 공허한 마음을 달래려고 뭔가를 찾아봅니다.

주말이 되면 파티가 열리고, 게임을 하거나, 카드놀이를 하는 환경들이 조성됩니다. 언제든지 마음만 먹으면 달려갈 수 있는 카지노도 가까운 거리에 놓여 있습니다. 언어에 대한 스트레스와 향수병을 잊기 위해서 한국 드라마를 밤새워서 볼 수도 있고, 외로움을 잊기 위해서 이성을 쉽게 만나기도 하고, 혼자 감당할 수 없는 문제를 해결하기 위해서 부적절한 관계 속으로 들어가기도 합니다. 주변에는 한 번 발을 잘못 디디면 인생을 망쳐버릴 덫과 지뢰들이 여기저기에 놓여 있습니다. 이런 위험으로부터 지켜주고 보호해 줄 부모나 형제가 없습니다. 유혹과 시험 속에서 자기를 지켜내야 하는 것은 오로지 자기 혼자의 몫입니다.

이런 정글 속에서 살아남아야 학위를 받고 고국으로 돌아갈 수 있습니다. 종종 중도에 탈락하는 경우도 보게 됩니다. 그런데 살아남았다고 모든 것이 해결되는 것은 아닙니다. 어떻게 살아남았느냐도 중요합니다. 자기 안에 있는 상처와 고통을 해결하지 못한 채 고국으로 돌아가면 그 상처가 나중에 큰 부메랑이 되어서 돌아옵니다. 가끔 일부 교수 중에 성추행이나 기형적인 행동이 뉴스를 타기도 합니다.

저는 그것이 별로 놀랍지 않습니다. 유학생들의 모습에서 익숙하게 봤던 모습들이기 때문입니다. 신체와 결정의 자유, 학업의 의무, 환경이 주는 중압감, 일탈할 무한한 가능성 … 이런 것들이 뒤엉켜서 공존하는 것이 미국 유학생활입니다.

이런 환경에서 살아가는 학생들을 섬겨야 하는 것이 유학생 교회입니다. 교회를 다닌다고 이런 환경에서 벗어날 수 없습니다. 주일에 한 번 형식적으로 참여하는 예배로는 건강하게 자기를 지키기 힘듭니다. 이들에게 복음으로, 말씀으로 답을 주지 못하면 방황하는 삶을 살게 됩니다.

이들 안에 있는 상처와 아픔 그리고 스트레스, 삐뚤어진 자아상들을 말씀으로 회복시켜 주는 것이 교회의 역할입니다. 교회가 말씀으로 바로 서서 바른 복음, 뜨거운 예배와 기도를 통해 이 영혼들을 어루만지지 못하면 교회도 이들과 함께 고통을 겪게 되고, 이들의 인생도 함께 무너져 내립니다.

황금 같은 주말에 다른 곳으로 가지 않고 교회에 나오는 청년들이 기특하고 고마웠습니다. 울음바다는 매주 계속되었습니다. 저는 그 울음이 상처 난 야수가 살기 위해서 포효하는 소리처럼 들렸습니다. 이들에게 말씀은 매주 선포되었고, 이들은 계속해서 울었습니다.

5

말씀은 아직도 살아 있다

저의 목회에 대한 심각한 고민은 신대원 졸업반 때 본격적으로 시작되었습니다.

'나는 앞으로 어떤 목회를 해야 하는가?'

해결되지 않는 고민으로 불안해하고 답답해하고 있었습니다. 주변에 있는 분들은 나름대로 자기의 계획을 세우고 있는 것 같았습니다. 목회에 필요한 세미나도 듣고, 자격증도 따고, 프로그램을 연구하기도 했습니다. 그런데 저는 아직도 갈피를 못 잡고 있었습니다.

저에게 한 가지 분명한 생각은 있었습니다. 행사나 프로그램으로 지탱되는 목회는 하지 않는다는 생각이었습니다. 말씀을 가지고 목회를 해야 한다는 생각은 분명했지만, '어떻게'라는 문제가 해결되지 않았습니다. 그때까지 저에게 성경은 따분한 책이었습니다. 설교는 지루하고 잠이 오는 것이었고, 성경 공부는 신앙을 위해서 억지로 해야 하는 것이었습니다.

주일 예배 때는 설교가 시작할 때쯤 졸음이 왔고, 설교가 끝나는 동시에 정신이 말짱해졌습니다. 그런데 이제부터는 제가 지루하고, 졸음을 주는 설교자로 그 자리에 서 있어야 한다고 생각하니 너무 싫었습니다.

그런데 신대원 졸업반 가을 사경회 때 저의 고민이 말끔히 해결되었습니다. 강사로 오신 이연길 목사님(말씀목회공동체 대표, 빛내리교회 원로 목사)이 설교하시는데, 제가 그분의 이야기 속으로 빠져들고 있었습니다. 그런데 더 놀라운 것은 그분은 성경 이야기만 하고 계셨다는 것입니다. 알고 있는 내용인데, 수십 번 설교로 들었던 본문인데 그분의 입을 통해 들려지는 이야기는 새롭고 흥미로웠습니다.

이연길 목사님을 통해 내러티브 설교(Narrative Preaching)를 처음 접하게 된 것입니다. 내러티브(Narrative)로 본 성경은 더 이상 고리타분한 이야기도, 뻔한 이야기도, 지루한 이야기도 아니었습니다. 성경을 보면 볼수록 재밌고 새로웠습니다. 그때부터 저는 내러티브로 성경을 보는 매력에 푹 빠졌습니다.

내러티브는 하나님의 말씀이 처음 들려진 그때의 상황과 느낌으로 성경을 보는 것입니다. 하나님의 말씀을 들었던 원래 청자와 독자(Original Audiences/Readers)의 관점에서 성경을 보고 듣는 것입니다. 이것은 문자 속에 갇혀 있는 성경을 입체적으로 살아나게 하는 작업입니다. 내러티브 설교와 내러티브 성경 공부는 성도들이 성경 이야기 속으로 빨려 들어가게 합니다. 그 안에서 성도들이 스스로 생각하게 하고, 느끼게 하고, 결단하게 합니다. 목사의 말이 아니라 말씀이 성도들 안에 살아서 역사합니다.

그때부터 저는 내러티브 성경 연구에 매달리기 시작했습니다. 신대원을 졸업하고 새문안교회 전임 전도사로 사역을 하면서 대학부 학생들에게 내러티브로 성경 활용법을 가르쳤습니다.

반응들이 놀라웠습니다.

"신선하다. 이렇게 성경을 본 적이 없다. 성경이 그림으로 머릿속에 선명히 그려진다. 모두 내 이야기 같다."

20년이 다 되어가는 지금도 연락이 닿는 친구들은 그때 했던 성경 공부가 아직도 머릿속에 남아 있다고 합니다. 이것이 내러티브의 힘입니다.

제가 미국으로 온 것도 내러티브로 성경을 연구하기 위함이었습니다. 신대원 사경회 때 만난 이연길 목사님이 초청해 주셔서 미국으로 오게 된 것입니다. 지금 저의 목회는 이연길 목사님께 많은 부분을 빚지고 있습니다. 제게 성경을 보는 눈을 열어 주시고, 저에게 가장 소중한 말씀 목회를 가르쳐주신 분이기 때문입니다.

깨지고 상처 난 교회에 와서 시작한 것이 내러티브 설교와 내러티브 성경 공부였습니다. 성경의 이야기를 들려줌으로써 성도들의 상한 마음과 깨진 관계를 말씀의 능력으로 치유되게 하는 것입니다. 시간이 지나면서 성도들이 서서히 말씀 안으로 들어오기 시작했습니다. 성경을 이야기로 풀어주는 설교를 좋아하고, 성경 공부를 재미있어 했습니다. 성도들의 입에서 말씀 이야기가 나누어지기 시작했습니다. 교회 안에 어떤 이야기가 회자되느냐를 보면 그 교회의 건강성을 알 수 있습니다. 교회 안에 말씀 이야기가 나누어지면 그 교회는 변화되기 시작합니다. 왜냐하면, 말씀 자체에 능력이 있기 때문입니다.

우리 교회를 수식하는 두 문구가 있습니다.

'말씀 먹고 자라는 교회.'

'말씀이 역사하는 교회.'

이 두 문구는 저의 목회 바람을 담은 문구이기도 하고, 실제로 우리 교회에서 현실화한 이야기입니다. 시간이 갈수록 세상은 말씀의 능력을 믿지 않는 방향으로 흘러갑니다. 그런데 하나님의 말씀은 지금도 살아서 역사하십니다. 하나님은 그것을 우리 교회 역사를 통해 보여 주시고, 증명하셨습니다. 앞으로 쓰게 될 스토리가 바로 그 말씀이 우리 교회 속에 역사한 이야기입니다. 정말 상상할 수 없는 기적적인 방법으로 하나님이 일하셨습니다.

주일마다 여호수아서를 설교하고 있었습니다. 가나안 땅을 정복해 가는 이야기를 나누면서 성도들이 자신들의 문제를 이기고 비전을 가지고 인생의 험난한 산들을 넘어가길 바랐습니다. 교회는 매주 여호수아가 백성들과 함께 가나안 땅을 정복해 가는 스토리로 가득했습니다.

그러던 어느 날 우리 교회가 속한 노회로부터 연락이 왔습니다. 노회가 소유하고 있는 4에이커(Acre)의 땅(약 5천 평)과 그 땅에 집 한 채가 있는데, 필요하면 우리 교회가 사용해도 된다는 것이었습니다. 생각지도 못한 갑작스러운 연락이었습니다. 하나님이 일하고 계신다는 느낌이 강하게 들었습니다.

제2부
그냥 따라가면 되는 줄 알았어요

1. 앗, 여기가 가나안 땅이 아니었나 봐!
2. 왜 우리는 안 되죠?
3. 주일마다 비 내리는 교회
4. 왜 하필이면 그날에 …

1

앗, 여기가 가나안 땅이 아니었나 봐!

금요일 예배를 드리기 위해 교회로 가는 길에 노회가 말해 준 땅을 보러 잠깐 들렀습니다. 넓은 땅 중앙에 허름한 집이 한 채가 덩그러니 놓여 있었습니다. 저희가 속한 노회의 미국 교회가 개척하면서 땅과 함께 집 한 채를 사서 교회로 사용한 것입니다.

방 3개, 화장실 2개, 거실, 부엌 그리고 차고(Garage)로 구성된 미국의 평범한 하우스였습니다. 거실은 예배실로, 방 하나는 목회자실로, 나머지 하나는 사무실 겸 다용도실로, 하나는 교육부 예배실로 그리고 차고는 개조해서 친교실(Fellowship Hall)로 사용했었습니다.

미국 교회는 그 집을 기반으로 빨리 성장해서 그 땅에 큰 성전을 지을 계획을 세웠고, 새로운 성전의 설계도까지 다 그려 놓았습니다. 그런데 교회는 계획한 것과는 반대로 빨리 성장하지 못했고, 결국 노회는 목회자를 다른 교회로 보내고 이 교회의 문을 닫도록 결정했습니다. 그때부터 건물과 땅은 아무도 사용하지 않은 채 10년 넘게 방치되어 오고 있었습니다. 교회 내부로 들어가 보니 곰팡이와 먼지로 가득 차 있었습니다. 예전 교회가 사용했던 물건들과 파일들이 여기저기 나뒹굴고 있었고, 건물 뒤편 처마 밑에는 예전 교회 간판이 다리가 잘린 채로 놓여 있었습니다.

느헤미야가 밤에 홀로 말을 타고 예루살렘 성벽을 둘러보는 마음으로 건물과 땅 그리고 주변을 자세히 살폈습니다. 보면 볼수록 하나님이 여기를 우리에게 주시려고 예비하셨다는 마음이 강하게 들었습니다. 우리 교회가 예배드리던 곳에서 차로 10분 거리, 고속도로에서 바로 진입할 수 있는 위치, 4에이커(Acre)의 넓은 땅 그리고 여호수아서를 설교하고 있을 때 주신 땅, 우리가 비전을 이야기하고 있을 때 비전을 꿈꾸라고 주신 땅. 모든 것이 잘 맞아떨어졌습니다.

그 땅을 둘러보면서 제 머릿속에는 이 땅에서 펼쳐질 미래의 그림들이 영상처럼 지나갔습니다. 새로운 성전을 짓고 그 안을 가득 메운 성도들이 뜨겁게 찬양하는 모습, 청년들을 훈련해서 선교지로 보내는 모습, 학교를 세워서 아이들을 신앙으로 가르치는 모습, 잔디밭을 축구장으로 만들어서 아이들과 청년들이 마음껏 뛰어놀게 하고 싶은 생각들…. 돈 들지 않는 상상의 나래를 혼자 펼쳐보았습니다. 머릿속에 그림을 그리면서 꿈꾸는 것만으로도 이미 다 이루어진 것처럼 행복했습니다.

주일이 되어서 성도들에게 그 땅에 대해 이야기를 했습니다. 그런데 성도들의 반응은 의외로 시큰둥했습니다. 저는 흥분이 되는데 성도들의 얼굴에는 전혀 그런 기미가 보이지 않았습니다. 오히려 이런 느낌을 받았습니다.

'그래서 뭐 어쩌라고요?'

성도들의 입장에서는 새로운 땅이 별로 달갑지 않았습니다. 미국 교회를 빌려서 편안하게 예배드리고 있었습니다. 월세를 내야 하는 부담도 없었습니다. 청소하지 않아도 되었습니다. 한국 음식을 먹는 것에 대한 제재도 없었습니다. 교회를 관리할 필요도 없고 그냥 주일날 와서 예배를 드리고 가면 그만이었습니다. 이런 편안한 생활에 익숙해져 있던 성도들에게 새로운 땅은 귀찮은 것이었고, 굳이 사서 고생을 해야 할 이유가 없었습니다.

이때 처음으로 교회의 비전에 대해 목회자와 성도들 간에 엄청나게 큰 온도 차가 난다는 것을 알게 되었습니다. 목회자가 뜨거워질수록 성도들의 마음이 차가워질 수 있다는 것도 배웠습니다. 목회는 늘 알아가는 과정입니다. 하나님의 마음을 알아가고, 성도들을 알아가고, 문제를 어떻게 헤쳐나가야 하는 것을 알아가는 과정입니다.

한 주가 지난 다음, 예배가 끝나고 난 뒤에 원하는 성도들에게 그 땅을 보여 주었습니다. 땅을 보고 난 뒤에 성도들은 대개 세 가지 반응을 보였습니다.

첫째, 제가 본 비전을 함께 보고 가슴이 뛰는 사람
둘째, 뭘 해도 특별히 관심이 없는 사람
셋째, 자기 생각으로 반대하는 사람

몇 주 동안 설교와 비전 캐스팅을 통해 성도들에게 비전을 심고 미래의 교회 모습을 상상하고 그리도록 했습니다. 대화와 회의를 거듭한 끝에 95퍼센트가 넘는 거의 만장일치로 교회를 새로운 장

소로 이전하기로 했습니다. 모든 성도가 찬성하는 가운데 새로운 비전을 향해 가는 것이 너무 기뻤습니다.

그런데 95퍼센트의 숫자에 함정이 숨어있는 줄 모르고 있었습니다. 95퍼센트는 모두가 마음으로 찬성한다는 말이 아니었습니다. 정말 찬성하는 사람, 뭘 해도 상관없으니까 반대하지 않는 사람, 목회자에게 나쁘게 보이기 싫어서 찬성하는 사람, 정말 하기 싫은데 튀는 것이 싫어서 찬성하는 사람, 반대하지만 분위기 때문에 어쩔 수 없이 끌려가는 사람들의 숫자가 모여서 눈에 보이는 95퍼센트를 만들어 낸 것입니다. 95퍼센트라는 숫자 안에는 눈에 보이지 않는 요소들이 훨씬 더 많이 들어 있었습니다.

목회하면서 숫자가 모든 것을 다 말해 주지 않는다는 것을 알아 갔습니다. 역시 목회는 경험으로 하나씩 알아가는 것밖에 도리가 없습니다.

2006년 10월, 부임한 지 1년 10개월 만에 드디어 우리 교회는 약속의 땅을 향해 나갔습니다. 성도들과 함께 새로운 교회 건물을 청소하고, 함께 기도하면서 하나님이 하시는 일을 찬양하고 기뻐했습니다. 비록 초라한 집 한 채이긴 했지만, 교회 역사상 처음으로 자체 건물을 가지는 것이었고, 만년 오후 예배에서 벗어나 오전 11시에 예배드리는 놀라운 일이었습니다. 이것이 가나안 땅으로 들어가는 길이라고 생각했습니다. 그런데 그 길은 가나안의 관문이 아니라 홍해로 접어드는 막다른 골목이었습니다.

2

왜 우리는 안 되죠?

교회를 이전하고 제일 시급하게 할 일이 이름을 바꾸는 것이었습니다. 교회 위치가 달라지면서 기존에 쓰던 '덴턴한인장로교회'는 더 쓸 수 없게 되었습니다. 이전한 도시의 이름이 코린스(Corinth)였기 때문입니다(예, 맞습니다. 성경에 나오는 고린도).

성도들의 신선하고 창조적인 아이디어를 기대하고 큰 상품을 걸어 교회 이름 공모를 했습니다. 잔뜩 기대하고 있었는데 결과는 대실망이었습니다. 대부분의 이름이 기존 교회들의 이름인 '믿음, 소망, 사랑, 화평, 비전'에서 조금도 벗어나지 못했습니다.

고민 끝에 제가 이름을 짓기로 마음을 먹었습니다. 시편 1편을 묵상하는 중에 떠오른 이름이 '큰나무'였습니다. 시냇가에 심겨서 물가에 뿌리를 깊이 내리고 사시사철 싱싱한 열매를 맺는 큰 나무를 떠올렸습니다. 우리 교회가 말씀에 깊이 뿌리를 내리고 어떤 가뭄과 풍파 속에도 풍성한 열매를 맺는 교회가 되었으면 하는 바람이었습니다. 성도들에게 이야기하니까 모두가 좋다고 해서 만장일치로 '큰나무교회'로 하기로 했습니다. 그런데 '큰 상품'은 받지 못했습니다. 성도들은 상품을 기쁘고 당당하게 받아도 담임

목사는 받지 않는 것이 교회의 정서입니다.

이때부터 큰나무교회의 역사가 본격적으로 시작되었습니다. 큰나무교회 앞에는 항상 '말씀 먹고 자라는'이란 수식어가 따라다녔습니다. 큰나무교회라는 이름에 어울리는 로고도 새롭게 만들었습니다. 새롭게 지어진 교회 이름과 로고를 보고 있으면 기분이 좋았습니다. 뭔가 새로운 일이 일어날 것 같은 기분이 들었습니다. 이때쯤 잊고 있었던 꿈 이야기가 생각났습니다. 처음 심방할 때 한 성도에게서 들었던 꿈 이야기였습니다.

"한 젊은 목사님이 오시더니 성도들을 확 휘어잡아서 어디론가 데리고 갔습니다."

그 꿈이 교회 이전을 미리 보여 준 것으로 생각하니까 소름이 돋았습니다.

이후에 교회 간판을 세우는 허가를 받기 위해 시청으로 갔습니다. 교회 간판은 이전 교회가 사용하던 틀과 골격을 그대로 사용하고 우리 교회 이름과 로고만 새겨 넣었습니다. 신청하는 것도 복잡하지 않았습니다. 하루빨리 교회 앞에 간판을 세우고 싶어서 시청의 대답을 기다리고 있었습니다. 며칠 뒤 시청에서 편지 한 통이 날아왔습니다. 당연히 '간판을 허가해 주는 서류가 왔구나'라고 생각했습니다. 그런데 간판을 세울 수 없다는 내용의 편지였습니다.

당황한 저는 바로 시청에 가서 관계자를 만나서 말했습니다.

"우리가 사용하는 건물은 이전에 교회가 사용하던 곳이다. 그 교회가 사용한 간판에 우리 이름만 바꾸어서 다시 다는 것인데 왜 안 되는가?

이전 교회는 허가해 주고, 우리에게는 허가를 안 해 주는 이유가 무엇인가?"

그런데 시청 관계자는 문제를 해결해 주지 않고 더 절망적인 이야기만 쏟아내었습니다.

"시의 규정(City Codes and Ordinances)이 업데이트되어서 10년 전의 것과는 완전히 달라졌다. 간판을 세울 허가를 받으려면 30대의 차를 주차할 수 있는 주차장을 만들어야 한다."

돈 한 푼 없는 유학생 교회가 콘크리트로 된 30대분 주차장을 만든다는 것은 불가능했습니다. 30대분 주차장에 이미 충격을 받았는데, 시청 관계자의 그다음 말은 저를 완전히 녹다운(Knockdown)시켜버렸습니다.

"너희들이 교회로 사용하는 집(House)은 시가 정한 안전 규정에 적합하지 않으며, 시가 정한 규정에 맞게 리모델링하지 않으면 모임을 할 수 없다. 계속해서 모임을 하면 1회당 1,000불의 벌금을 부과하겠다."

앞이 캄캄했습니다. 하나님이 주신 약속의 땅이라고 생각했는데, 하나님을 믿고 왔는데, 우리 앞에 놓인 것은 우리를 삼킬 듯이 달려드는 끝없이 펼쳐진 홍해 바다였습니다. 주차장을 짓는 데 적어도 30,000불, 집을 리모델링하는 데 적어도 30,000불 정도 해서 총 60,000~70,000불은 있어야 해결될 문제였습니다. 현재의 우리 교회라면 주차장을 만들고, 건물 리모델링하는 것은 어려운 일도 아닙니다. 그런데 그때는 한 주 전체 헌금이 300~500불 정도 들어오는 유학생 교회의 상황이었습니다. 그 당시의 교회 상황에서는 꿈도 꿀 수 없는 천문학적인 금액이었던 것입니다.

교회를 이전하기 전에 시청에 와서 이런 사실을 먼저 확인해야 했습니다. 분명히 이 부분은 우리가 간과한 부분이었습니다. 우리는 원래 교회가 사용하던 건물이라서 아무런 문제가 없을 줄 알았습니다.

이 사건을 겪으면서 제가 깨달은 것이 있습니다.

'하나님의 인도를 받을 때도 정신을 놓으면 안 되는구나!'

하나님이 인도하신다고 맹신하거나, 멍하니 있거나, 우리가 마땅히 해야 할 일을 하지 않으면 불필요한 고통을 겪게 됩니다. 하나님은 우리의 이성과 상식을 뛰어넘어서 일하시는 분입니다. 그런데 그것이 몰상식적, 비이성적, 비합리적이라는 말이 아닙니다. 우리의 최고의 상식, 최고의 이성, 최고의 합리성을 능가한다는 말입니다. 하나님의 인도를 받을 때 가장 상식적, 가장 이성적, 가장 합리적으로 우리가 할 일과 책임을 다하면서 하나님을 따라가야 합니다. 이것은 불순종이 아니라 우리의 역할과 책임을 다하는 것입니다.

일은 이미 벌어졌고, 홍해는 우리 앞에 갑자기 나타나 삼킬 듯 덤비지만, 제 손엔 모세가 가진 하나님의 지팡이가 없었습니다.

3

주일마다 비 내리는 교회

　시청의 명령은 애굽 왕 바로의 명령보다 더 무서웠습니다. 간판을 달지 못할 뿐만 아니라 모일 때마다 벌금까지 내야 한다는 말 앞에 우리는 벌벌 떨었습니다. 우리가 할 수 있는 단 하나의 일은 시청에서 알지 못하도록 조용히 모이는 것이었습니다. 다행히 우리가 예배드리는 금요일 저녁과 주일날은 시청이 근무하지 않는 시간이었습니다.

　우리는 조심하기 위해서 교회 앞에다 주차하지 못하고 교회 근처에 있는 공원 주차장에 주차하기로 했습니다. 성도들은 매 주일 공원에서 교회까지 5~7분 정도 걸어와야 하는 수고를 감내해야 했습니다. 나치를 피해서 숨어든 유대인들처럼 우리는 숨죽여서 예배를 드리고, 활동을 했습니다.

　가을과 겨울 그리고 봄까지는 시원한 텍사스 날씨 덕분에 잘 견딜 수 있었습니다. 그런데 문제는 뜨거운 텍사스 여름이 우리를 기다리고 있었다는 것입니다. 텍사스는 한여름이면 110도(섭씨 43도)에 육박하는 불볕더위로 열기를 뿜어냅니다. 100도(섭씨 37도)가 넘는 날이 두 달 넘게 지속되기도 합니다.

가정주택을 개조한 우리 교회는 특별히 더위에 취약했습니다. 냉방 시스템은 4톤짜리 가정용 에어컨이 전부였습니다. 작은 공간에 40여 명이 한꺼번에 모일 때는 에어컨이 아무런 힘을 발휘하지 못했습니다. 주방에서 점심으로 육개장을 끓이는 날이면 교회 전체는 땀이 줄줄 흐르는 찜통으로 변해버렸습니다. 에어컨을 아무리 세게 틀어도 83~87도(섭씨 28~30도) 사이에서 온도가 더 이상 내려가지 않았습니다. 차라리 햇볕이 내리쬐는 바깥이 더 시원할 정도였습니다. 5톤짜리 에어컨을 한 대만 더 설치하면 간단히 해결될 문제였습니다. 그런데 유학생 교회에는 그럴만한 돈이 없었습니다.

고민 끝에 생각한 것이 지붕 위에 물 호수를 설치하는 것이었습니다. 채소나 꽃에 물을 주기 위해서 구멍이 뻥뻥 뚫려 있는 호수 말입니다. 주일이 되면 저는 새벽에 교회에 가서 수도를 틀어 놓았습니다. 지붕 전체에 설치된 호수에서 물이 분수처럼 뿜어져 나와서 햇볕이 내리쬐도 지붕이 더워지지 않도록 장치를 한 것입니다. 덕분에 우리 교회는 여름이 되면 매 주일 지붕에서 비가 내렸습니다. 다른 곳에는 비가 내리지 않아도 우리 교회는 어김없이 비가 내렸습니다.

지붕에서는 물이 줄줄 흘러내리고, 예배실은 더워서 항상 땀이 나고, 간판도 달지 못하는 유령집 같은 교회가 우리 교회였습니다. 전쟁 통에도 사랑은 이루어지고 아기들이 태어나듯이 이런 와중에도 유학생들은 조금씩 늘어났습니다. 대부분이 음악 유학생인 덕분에 찬양팀이 풀 밴드(Full Band)로 조직되었고, 성가대도 제 모습을 갖추었습니다. 한때는 피아노, 오르간, 키보드를 포함한 건반 전공자만 18명에 육박할 정도였습니다. 어려운 형편이지만 뜨겁게 예배하고, 음식을 나누고, 친교하고, 운동하면서 가족같이 끈끈한 정으로 살아서 추억도 많이 쌓였습니다. 말도 안 되는 상황 속에서도 뭐가 좋다고 예배하고 웃고 교회를 지키고 있는지, 성도들도 대단했습니다.

그런데 긴 병에 효자 없다고 했던가요?

이런 상황이 2년 넘게 지속되자 몇몇 성도 사이에서 서서히 불만이 생기기 시작했습니다. 교회를 이전한 것이 잘못된 일이었다는 여론을 만들려고 하는 사람, 목사의 눈을 피해 신앙적이지 않은 모임을 만드는 사람, 교회의 상황과 분위기와 상관없이 무관심한 사람, 하나님이 하실 일이 있을 것이라고 막연하게 생각하는 사람 …. 시간이 지나면서 교회를 이전할 때 95퍼센트 찬성의 실체가 모습을 드러내기 시작한 것입니다.

교회가 안고 있는 근본적인 문제(간판과 리모델링)가 해결되지 않는 것이 저에게 큰 짐이었습니다. 마치 무거운 돌덩어리를 어깨에 올려놓고 살아가는 느낌이었습니다. 모든 문제에 대해서 홀로 책임져야 하는 목사의 깊은 외로움과 고통이 몰려왔습니다. 그런 와중에 사람들의 말과 표정과 행동이 저에게 전해지니 마음이 참 괴로웠습니다. 모두가 저를 향한 비난으로만 들렸습니다.

이런 상황에서도 우리 교회는 겉으로는 아무런 문제가 없는 듯 보였습니다. 저는 늘 웃고 있었고, 성도들에게 말씀으로 도전했습니다. 성도들은 평소와 다르지 않게 상담을 하고 기도를 부탁했습니다. 유학생들은 새로 오고 졸업하고 돌아가기를 반복했습니다.

그런데 제 마음에는 교회 지붕에 매 주일 비가 내리듯 매 주일 마음의 비가 내리고 있었습니다. 서운함과 외로움이 뒤범벅된 눈물이 가슴을 타고 흘러내렸고, 제 마음속 상처의 웅덩이 속에 차곡차곡 쌓여가고 있었습니다. 물이 차면 터져버리는 웅덩이처럼 제 마음의 웅덩이도 아귀까지 차올라 언제 터져버릴지 모르게 아슬아슬했습니다. 상처받은 마음은 교회와 성도들로부터 점점 멀어져 가고 있었습니다.

4

왜 하필이면 그날에 …

　어느 순간부터 밤에 잠이 오지 않았습니다. 저는 잠을 많이 자는 것이 문제였지, 불면증으로 괴로움을 겪게 될 것이라고는 상상도 못 하고 살았습니다.
　그런데 어느 순간부터 잠을 자려고 하면 가슴이 벌렁거리고, 열이 머리로 다 쏠려서 두통이 몰려왔습니다. 서운함, 억울함, 분노, 두려움, 걱정, 초라함의 감정이 범벅이 된 소용돌이가 좀처럼 가라앉지 않고 밤새도록 저를 괴롭혔습니다.
　신기한 것은 그렇게 괴롭다가도 새벽 기도 때 교회에 가서 엎드리면 마음이 가라앉고 숨통이 트이면서 편안해지는 것이었습니다. 낮에는 심방, 교회의 소소한 일들, 책 읽기, 성경 연구, 설교 준비로 시간을 보내다 보면 어느덧 하루가 지나갔습니다. 밤이 되면 또 똑같은 현상으로 잠을 이룰 수 없었습니다. 밤새 뒤척이다 새벽에 교회에 가서 엎드리면 다시 편안해졌습니다. 몇 달을 그렇게 반복했는지 모릅니다. 매일 밤 잠을 청하면서 하나님께 드렸던 기도가 있었습니다.
　"하나님, 한숨도 못 자도 좋으니 새벽이 빨리 오게 해 주세요."

그때부터 새벽 기도는 저에게 생명줄이 되었습니다. 아무리 어렵고 고통스러운 일이 있어도 새벽에 교회에 가서 엎드리면 하나님이 마음을 위로해 주시고, 다시 일어설 힘을 주셨습니다. 지금도 제 인생과 목회의 중요한 결정은 새벽 기도와 함께 이루어집니다. 하나님의 계획은 알다가도 모를 일입니다. 저는 아침잠이 많아서 새벽 기도 하는 것을 힘들어했던 사람입니다. 목사가 되기로 할 때도 평생 새벽잠을 포기해야 한다는 생각에 괴로웠습니다. 그런데 지금은 새벽 기도가 좋고, 새벽 기도 갈 때마다 설레입니다. 고통을 통해 새벽 기도 체질로 바꿔 버리신 것입니다.

새벽 기도를 통해 하루하루를 버텼지만, 교회의 실제적인 문제는 해결되지 않았습니다. 사람들로 인해 받는 스트레스도 점점 심해졌습니다. 성도들 얼굴이 보기 싫어졌습니다(어마어마한 비하인드 스토리, long story short). 정확하게 말하면 사람이 싫어졌다고 표현하는 것이 맞을 것 같습니다. 급기야 교회를 사임해야 하겠다는 마음을 굳히는 단계까지 가버렸습니다.

어느 주일 아침 정장 안 주머니에 사직서를 넣고 교회로 향했습니다. 예배가 끝나면 사직서를 내놓을 예정이었습니다. 사직서를 목양실 책상 위에 올려놓고 예배를 인도하기 위해서 들어갔습니다. 그날 설교는 하나님이 세상을 멸망시키기로 결정하셨다가 노아 한 사람 때문에 마음을 돌이킨 내용이었습니다.

하나님은 세상을 멸망시킬 수천수만 가지 이유를 가지고 계셨습니다. 노아 당시 세계 인구는 2억 3,500만 명(창조과학회 추정)이었습니다. 이 사람들이 다 타락했으니 하나님이 볼 때 세상을 멸망시킬 2억 3,500만 가지 이유가 있었던 것입니다. 그런데 믿음으로 사는 노아 한 사람을 보고 세상을 멸망시킬 계획을 취소하셨습니다. 노아의 삶은 하나님을 향한 무언의 시위였고, 메시지였습니다.

"하나님, 다른 사람들이 다 타락해도 저는 이렇게 살면 되잖아요."

그 모습을 보고 하나님은 세상을 멸망시키려고 결정한 계획을 취소하시고 마음을 돌이키셨습니다. 하나님이 우리를 멸망시킬 수천수만 가지 이유가 있지만 단 하나, 예수님의 십자가 때문에 멸망시킬 계획을 취소하시고 우리를 구원해 주셨습니다. 대충 이런 내용이었습니다.

이런 설교를 하면서 회중석을 보는데 청년들이 눈을 초롱초롱하게 뜨고 말씀을 듣고 있었습니다. 마치 사직서를 내려고 하는 저의 결정을 알고 시위하는 것처럼 느껴졌습니다.

"목사님이 말씀해 주신대로 이렇게 믿고 살면 되잖아요."

청년 중에는 우리 교회에 와서 예수님을 영접한 사람, 이제 말씀을 알아가는 사람, 유학생활의 어려움을 이기기 위해서 새벽마다 나와서 부르짖는 사람, 제가 전한 성경 말씀대로 살려고 노력하는 사람들이 있었습니다. 이들을 외면할 수 없었습니다.

결국, 그날 사직서 내는 걸 포기하고 말았습니다. 왜 하필 그날 설교가 노아에 관한 설교인지 ….

어떻게 목회자가 그런 설교를 해놓고 떠날 수 있겠습니까?

하나님은 심판하실 이유가 2억 3,500만 가지가 넘었는데도 단 한 가지 이유로 심판하실 것을 포기했는데, 생각해 보니 저는 교회를 그만둘 이유가 10가지도 안 되었습니다.

예배가 끝나고 목양실로 돌아오니, 아내가 책상에 놓인 사직서를 보면서 놀라서 이게 무엇이냐고 물었습니다. 그리고는 사직서를 손으로 찢어버렸습니다. 저보다 더 힘들어하고, 더 많은 고통을 겪은 것은 아내였습니다. 그날 성령님이 저의 마음뿐만 아니라 제 아내의 마음도 만지신 것입니다. 사직서를 내는 것은 아무도 모르는 혼자만의 해프닝으로 끝나 버렸고, 그날도 아무 일 없었다는 듯이 성도들과 함께 웃으면서 밥을 먹었습니다.

주일 예배가 끝나고 집으로 돌아왔는데 마음이 더 무거웠습니다. 떠나기로 했을 때는 오히려 마음이 편했습니다.

'이제 더 내가 책임지지 않아도 되는구나!

내가 짊어져야 하는 짐이 없어지겠구나!'

그런데 떠나지 않기로 하고 난 뒤에는 모든 문제가 고스란히 내가 짊어져야 하는 무거운 짐이 되어버렸습니다. 그런데 제게는 그 짐을 지고 갈 힘도 능력도 없었습니다. 현실적으로 해결될 방법도 없었습니다. 해결할 능력이 없는 사람이 문제를 홀로 지고 간다는 것이 얼마나 괴로운 일인지 뼈저리게 절감했습니다. 출구 없는 미로 속으로 점점 더 깊이 빠져들어 가는 느낌이었습니다.

제3부
앞 길이 안 보여도 신뢰하라

1. 출애굽 했는데 왜 돌아가?
2. 연애 편지보다 더 기다려지는 편지
3. 어찌 한 술 밥에 배부르랴
4. 뿌리째 흔들리다
5. 도대체 끝이 어딥니까?

1

출애굽 했는데 왜 돌아가?

교회 문제(주차장, 리모델링)를 더 방치해 둘 수 없었습니다. 어떤 식으로든지 결론을 내려야 했습니다. 운영위원들과 이 문제를 놓고 머리를 맞대고 심각하게 의논했습니다. 운영위원들은 하나 같이 여기를 포기하고 예전에 사용하던 미국 교회로 돌아가자고 했습니다.

목사님, 차라리 미국 교회로 돌아가서 주차장과 리모델링 할 돈을 모아서 다시 옵시다. 여기에 있으면 불필요한 지출이 생기니까 미국 교회로 가서 재정을 아껴서 돈을 모읍시다.

누가 봐도 그것이 가장 현실적이고 합리적인 대안이었습니다.
목회하면서 배운 것은 실수했으면 그것을 빨리 인정하고 바로잡는 것이 피해를 최소화하는 방법이라는 것입니다. 운영위원들의 생각을 들으면서 지금이 실수를 인정하고 빨리 조치를 취해야 하는 때라는 생각이 들었습니다. 주중에 고민을 거듭하면서 제 마음도 미국 교회에 다시 돌아가는 쪽으로 거의 기울고 있었습니다. 주일이 되면 운영위원들과 미국 교회로 돌아가는 결정을 내릴 마음을 먹고 있었습니다.

그러던 어느 날 교회 문제를 생각하면서 운전을 하고 있는데, 한 문장이 제 머리를 확 스치고 지나갔습니다.

"출애굽 했는데 왜 돌아가?"

하나님이 제 고민에 대한 답을 주시는 것 같았습니다. 순간 모든 것이 선명해졌습니다.

'그렇지. 하나님이 출애굽 시켜 줬는데 홍해가 가로막고 있다고, 물이 떨어졌다고, 먹을 것이 없다고 돌아가면 안 되지.'

출애굽을 했으니까 힘든 것은 당연하고, 사람들이 불평하고 힘들게 하는 것은 당연했습니다.

주일 예배 후에 운영위원들과 모임을 했습니다.

> 미국 교회로 돌아가는 문제에 대해서 우리 다 같이 2주 동안만 기도해 보고 최종 결정을 내립시다. 기도하는 데 원칙이 있습니다. 절대로 돈 계산을 하지 마십시오. 돈을 계산하지 말고 하나님이 주신 마음만 듣고 오십시오. 다시 말씀드립니다. 돈을 계산하지 말고 하나님이 우리가 이곳에 있길 원하시는지, 아니면 미국 교회로 돌아가길 원하시는지 그 마음만 듣고 오십시오.

그때 제가 뭔가 확신이 있었던 것도 아닙니다. 저도 똑같이 하나님 앞에 절박하게 기도하는 심정뿐이었습니다. 출애굽 했는데 왜 돌아가냐고 말씀하신 하나님이면 우리에게 뭔가 분명히 하실 말씀이 있다고 생각했을 뿐입니다.

2주가 지난 뒤 운영위원들이 다시 모였습니다. 하나님이 주신 마음을 이야기해달라고 했습니다.

첫 번째 사람이 입을 열었습니다.

"목사님, 아무리 생각해 봐도 우리에겐 돈이 없습니다 …."

제가 그분의 말을 멈추게 했습니다.

"돈 이야기는 하지 말고 기도하면서 느끼고 들은 하나님의 마음만 나누어 주십시오."

나머지 모든 운영위원의 말은 동일했습니다.

"돈 계산을 하지 않으니까 하나님이 지금 우리가 있는 이곳에 있길 원하신다는 마음이 듭니다."

저는 그때 제 목회의 가장 중요한 원리를 하나 깨달았습니다.

"돈 계산을 하지 않으면 하나님의 뜻이 선명하게 보입니다."

우리가 환경과 상황을 염려하고, 돈을 계산하면서 아무리 열심히 기도해도 하나님의 뜻이 흐릿하기만 했습니다. 그런데 아무리 어려운 상황에서도 돈을 계산하지 않고 기도하니까 하나님의 뜻은 너무나 선명하게 보였습니다. 하나님의 마음이 분명해지니까 무엇을 해야 할지도 명확해졌습니다.

우리 3개월 동안 간절히 기도하면서 우리가 할 수 있는 최선을 다해 봅시다. 그런데도 하나님이 뭔가 일을 하시지 않으면 미국 교회로 다시 돌아갑시다. 아니, 더는 교회를 해야 할 이유가 없는 것 같습니다.

우리가 할 수 있는 일이 무엇인지 각자가 고민해 보고 다음 모임 때 아이디어를 나누기로 하고 모임을 마쳤습니다.

2

연애 편지보다 더 기다려지는 편지

아무리 생각해 봐도 3개월 동안 우리 교회가 할 수 있는 특별한 일이 없었습니다. 있었다면 이미 그것을 했을 것입니다. 어쩔 수 없이 우리가 선택한 방법이 후원 편지 쓰기였습니다. 후원 편지를 보내도 별로 효과가 없다는 것은 인생의 수많은 경험을 통해 확인했던 사실입니다. 편지가 모두 쓰레기통으로 들어갈 것이라는 사실을 뻔히 알고 있었습니다. 그런데도 후원 편지 쓰기를 선택한 것은 우리가 할 수 있는 일은 다 해 보기로 했기 때문입니다.

후원 편지를 보내기 위해서 준비 작업을 했습니다. 가장 먼저 편지 내용을 작성했습니다. 제가 초안을 잡고 운영위원들이 다듬었습니다. 내용은 대충 다음과 같은 것이었습니다.

우리 교회는 유학생 교회입니다. 한국에서 온 유학생들은 한국과 세계를 위한 지도자들이 될 사람들입니다. 이들을 신앙으로 훈련해서 하나님의 사람으로 만드는 것은 너무나 중요한 일입니다. 그런데 우리 교회가 주차장을 지을 돈이 없어서 간판도 달지 못하고, 예배와 모임도 어렵게 되었습니다. 도와주십시오.

그다음은 후원 편지 발송 대상을 정했습니다. 우리 노회에 속한 미국 교회들에 보내기로 했습니다. 미국 교회는 기부 문화가 있어서 한국 교회보다 후원해 줄 가능성이 더 크다고 봤기 때문입니다. 우리 교회의 주소와 우표를 붙인 반송 봉투를 넣기로 했습니다. 가능성 없는 일이었지만, 조금이라도 가능성을 높이기 위해서 전략을 쓴 것입니다.

성도들이 함께 모여서 후원 편지 발송 작업을 했습니다. 미국 교회에 보내는 편지 발송 작업이 다 끝났습니다. 그때 제 마음에 '보내는 김에 한국 교회에도 보내자'라는 생각이 들었습니다. 우리 교단에 속한 한인 교회에도 편지를 발송했습니다. 그런데 정말 한인 교회로부터는 아무런 기대도 하지 않았습니다.

한 주가 지났습니다. 한 통의 편지도 돌아오지 않았습니다. '역시'라는 생각에 실망도 되지 않았습니다. 그런데 2주가 지난 어느 날 첫 번째 편지가 도착했습니다. 100불짜리 수표가 담긴 편지였습니다. 정말 놀라기도 하고 감사했습니다.

그런데 동시에 이런 생각도 들었습니다.

'100불로 뭘 할 수 있겠는가?'

그런데 약속이나 한 듯이 매주 우체통에는 한두 통의 편지가 예쁘게 놓여 있었습니다. 100불, 200불, 500불, 1,000불, 2,000불을 담은 편지들이 매주 도착했습니다. 매 주일 예배 광고 시간마다 그 편지를 뜯어보면서 성도들과 함께 감사의 환호성을 질렀습니다. 연애 편지를 기다릴 때보다 더 설레는 마음으로 매일 우체통을 열었습니다. 후원 편지를 통해 도착한 헌금 액수가 40,000불에 달했습니다. 이건 하나님이 일하시지 않으면 일어날 수 없는 기적의 역사였습니다.

그런데 더 놀라운 것은 이 많은 편지 중에 미국 교회로부터 온 편지는 단 한 통도 없었다는 사실입니다. 하나님은 항상 우리 생각을 뛰어넘어서 일하십니다. 별 효과도 없는 후원 편지를 쓰게 하시더니, 우리가 가능성을 좀 더 높여보려고 미국 교회를 선택했지만, 하나님은 우리의 생각과 다르게 한인 교회를 통해 응답하셨습니다. 하나님의 방식대로 역사하신 것입니다.

이렇게 2개월이 지나갈 때쯤 텍사스의 다른 도시로부터 한 통의 전화가 걸려왔습니다. 제가 전혀 알지도 못했던 분이고, 후원을 요청하는 편지를 받은 분도 아니었습니다. 이분이 새벽 기도를 하는데 '큰나무교회 김귀보 목사가 힘드니까 전화를 해 보라'라는 마음을 주시더랍니다.

그분이 저에게 힘든 일이 뭐냐고 물었습니다.

"힘든 일은 아무것도 없습니다."

저의 첫 대답이었습니다. 자존심이 있어서 누군가에게 도와달라고 손 벌리지 못하는 성격입니다. 불쌍하게 보여서 뭔가를 얻어내는 재주는 더더욱 없습니다. 교회의 현재 상황만 있는 그대로 알려드렸습니다. 저는 도와달라는 말도 하지 않았고, 그분은 도와주시겠다는 말도 하지 않았습니다. 그리고 몇 마디 후에 전화를 끊었습니다.

3주 뒤에 편지 한 통이 도착했습니다. 그 안에 30,000불짜리 수표가 들어 있었습니다. 이 편지 한 통이 우리 교회에 불을 질러 버렸습니다.

"하나님이 일하신다. 하나님이 우리와 함께하신다."

이분이 3개월에 한 번씩 10,000불을 계속해서 보내셨습니다. 하나님이 하시는 일이 너무 놀랍고 기뻐서 우리는 더 큰 꿈을 품어 버렸습니다.

내친김에 작은 예배당 하나를 건축하기로 했습니다. 지금 생각하면 무슨 생각으로 그런 결정을 했나 싶은데, 그때는 간이 부어 버렸습니다. 20만 달러 예산으로 100명 들어가는 작은 교회 건물을 하나 짓고 기존에 있는 집은 교육관으로 쓰기로 결정을 내렸습니다.

돈도 없으면서 하나님의 일하심만 믿고 일을 저지른 것입니다. 그 당시에는 이 결정이 우리 교회를 어디로 이끌고 갈지 상상도 못 했습니다.

3

어찌 한 술 밥에 배부르랴

얼마 전까지만 해도 상상도 못 했던 일들이 우리 눈앞에 현실로 펼쳐졌습니다. 비록 작은 교회 건물이지만 우리 손으로 지을 수 있다는 것 자체만으로 감격이었습니다. 홍해를 마른 땅처럼 건넌 사건, 요단강이 갈라지고, 여리고가 무너진 성경의 사건이 우리의 사건이 되었습니다. 하나님이 하신 일 앞에 놀랐고, 기뻐하고 찬양했습니다.

교회 건축 계획은 순조롭게 진행되었습니다. 설계도를 그렸고, 건축업자도 선정했습니다. 시청에서도 우리 교회가 건축을 하는 것을 기뻐했습니다. 모든 일에 시청이 최대한 협조를 하면서 일이 빠르게 진행되었습니다. 건축을 위한 모든 준비 작업은 끝났고, 공청회(Town Meeting)만 남겨두고 있었습니다. 원래 교회가 있던 자리였고, 주변에 주택이 없었기 때문에 공청회는 거의 형식적인 것에 불과했습니다.

그런데 문제는 전혀 엉뚱한 방향에서 터졌습니다. 저희 건축 계획을 들은 노회가 건축을 반대하고 나섰습니다. 미국 교회들은 어떤 일을 시작하기 전에 철저하게 조사하고, 현실을 파악합니다.

그리고 가능하다는 결론이 났을 때 일을 시작합니다. 이런 미국 사람들의 눈에는 우리 교회가 하는 일이 너무나 허무맹랑한 일이었던 것입니다.

노회가 반대하는 이유는 너무나 현실적이고 합리적이고 논리적이어서 반박을 할 수가 없었습니다. 노회가 반대한 이유는 세 가지였습니다.

첫째, 우리 교회 반경 10마일 안에 있는 인구를 조사했는데, 한국 사람들이 200명도 채 되지 않았습니다. 우리 교회가 앞으로 성장할 가능성이 제로에 가깝다는 말입니다.

둘째, 건축 예산보다 우리가 가진 재정은 턱없이 부족했고, 그 재정을 충당할 능력도 없었습니다.

셋째, 건축한다고 해도 그 건물을 유지할 능력이 우리에게 없다는 것이었습니다.

노회가 제시한 이유에 대해서 우리가 할 수 있는 답변은 '믿음으로 한다' 밖에는 없었습니다. 노회와 여러 번 이야기를 나누고 설득해 보려고 했지만 반대하는 노회의 의지는 확고했습니다.

노회가 반대하는 상황에서 우리 교회가 건축할 방법은 전혀 없었습니다. 땅도 노회 소유의 땅이었고, 개척 교회인 우리 교회는 노회의 허락 없이는 중요한 결정을 내릴 수 없는 때였습니다. 예상하지 못한 반대에 부딪히면서 고민이 깊어졌습니다.

우리의 꿈은 여기서 끝나는 것인가?

우리가 너무 무리하게 교회 건축 계획을 세운 것인가?

다시 근본적인 질문 앞에 설 수밖에 없었습니다. 기도하는 가운데 마지막으로 한번 해 보고 싶은 일이 있었습니다. 도움을 요청하기 위해서 같은 노회에 속해 있는 가장 큰 한인 교회 목사님을 찾아갔습니다. 이 교회와 우리 교회는 특별한 관계에 있었습니다. 우리 교회는 이 교회가 유학생들을 위해서 세운 교회였습니다. 시작부터 적지 않은 선교 헌금으로 돕고 있는 고마운 교회였습니다. 우리 교회가 매달 근근이 버틸 수 있었던 것도 그 교회의 선교 헌금이 있었기 때문에 가능했습니다.

> 목사님, 재정적으로 도와달라고 찾아온 것이 아닙니다. 노회가 건축을 허락할 수 있도록 설득만 좀 해 주십시오. 나머지는 우리가 다 알아서 하겠습니다. 다시 말씀드리지만, 재정적으로 도와달라는 말이 아닙니다. 노회만 설득해 주십시오.

제가 간곡하게 부탁을 드렸습니다. 그런데 목사님이 전혀 뜻밖의 이야기를 꺼냈습니다. 우리 교회가 그 교회의 위성 교회(Satellite Church)가 되면 어떻겠냐는 것이었습니다. 위성 교회가 되면 우리 교회가 건축을 할 수 있도록 도와주고, 건축비도 다 지원하겠다고 말했습니다. 그 목사님은 제 표정을 살피면서 정말 어렵게 그 이야기를 꺼내셨습니다. 그런데 저에게는 그 말이 구원의 메시지로 들렸습니다. 애초부터 우리 교회가 그 교회의 선교 교회로 세워졌었기 때문에 위성 교회가 된다고 달라질 것은 하나도 없었습니다. 저의 전임 목회자 때 멀어졌던 두 교회의 관계를 다시 회복하는 좋은 일이었습니다. 게다가 교회를 건축하는 것도 지원하고, 성도들도 보내 준다고 하니 우리 교회로 봤을 때는 더할 나위 없이 좋은 제안이었습니다. 우리 교회가 싫어할 이유가 하나도 없었습니다.

얼마 지나지 않아서 그 교회의 당회와 공동의회에서 우리 교회를 위성 교회로 받아들이고, 전적으로 지원하기로 했다고 연락을 받았습니다. '제한과 조건 없이'(Unlimited and Unconditional) 지원하기로 했다고 이야기를 들었습니다. 그 문구를 그대로 사용해서 결정했는지 모르겠지만 저에게 결정을 전달해 준 분의 이야기에 따르면 그렇게 결정했다고 했습니다.

한때 모든 것을 포기하고 예전 미국 교회 건물로 되돌아가야 했던 상황에서 우리의 교회를 건축할 수 있게 되었습니다. 노회의 반대로 건축이 불투명한 상황에 빠졌다가 우리를 지원하는 교회의 위성 교회가 되어 조건 없이 지원을 받게 되었습니다. 이 모든 일이 단시간에 갑자기 일어난 일입니다. 너무 놀라워서 믿기 힘든 일이었습니다.

"It's too good to be true."

그런데 기뻐하는 것도 잠시였을 뿐, 일주일 뒤에 또 다른 일이 기다리고 있었습니다.

4

뿌리째 흔들리다

위성 교회가 된다는 것은 우리가 지고 있는 모든 무거운 짐이 벗겨진다는 말이었습니다. 건축을 더 이상 걱정하지 않아도 되고, 사역을 위한 재정을 걱정하지 않아도 되는 것이었습니다. 이 소식은 또 한 번 우리 교회에 하나님을 향한 감사와 감격의 찬양이 울려 퍼지게 했습니다. 저도 아무 걱정 없이 두 다리 뻗고 잘 수 있게 되었습니다.

위성 교회를 하기로 결정되고 얼마 지나지 않아서 한 통의 전화를 받았습니다. 위성 교회가 되기 위해서는 우리 교회의 위치를 옮겨야 한다는 것이었습니다. 우리 교회가 너무 북쪽에 있어서 그 교회 교인들이 우리 교회로 올 수 없으니까 그 교회가 있는 한인 타운 쪽으로 교회를 이전하는 것이 좋겠다고 말했습니다.

우리 교회의 위치를 옮기는 것은 말처럼 쉬운 일이 아니었습니다. 보통 교회들도 교회의 장소를 이전하는 것은 쉬운 일이 아닌데 유학생 교회에는 더 힘든 일이었습니다. 더더욱 유학생들을 위해서 세워진 교회가 유학생들이 있는 지역을 벗어나서 한인 타운으로 옮겨가는 것은 생각할 수도 없는 일이었습니다.

저는 그 이야기를 듣자마자 안 된다고 분명히 말했습니다. 제 스스로 그것을 받아들일 수가 없었습니다. 이유는 두 가지였습니다.

첫째, 유학생을 위해서 세워진 교회는 유학생이 있는 곳에 있어야 한다는 아주 상식적인 생각 때문이었습니다.

둘째, 우리 교회가 기도한 것은 지금 있는 곳에 성전을 건축하는 것이었습니다. 그런 우리의 기도를 들으시고 하나님이 재정을 보내주셨다고 믿고 있었는데, 이 모든 것을 다 뒤로 하고 한인 지역으로 내려간다는 것은 상상도 못 할 일이었습니다.

이런 우리 교회 상황을 그쪽 교회 관계자에게 충분하게 설명을 했습니다. 그런데 어찌 된 일인지 그 교회에서 단호하게 나왔습니다. 만약 우리 교회가 한인 타운 지역으로 위치를 옮기지 않으면 위성 교회를 하기로 한 결정을 취소할 수밖에 없다고 했습니다. 당연히 지원하기로 한 것도 취소하게 되는 것이었습니다(이 글은 그 교회를 비난하기 위해서 쓴 글이 아닙니다. 이 과정을 설명하지 않으면 우리 교회가 한인 타운으로 내려온 것을 설명할 길이 없기 때문에 부득이하게 쓴 것입니다. 다시 말씀을 드리지만, 이 교회는 우리 교회를 도운 정말 고마운 교회입니다).

우리는 정말 진퇴양난에 빠졌습니다. 이 교회가 도와주지 않으면 노회는 절대로 우리가 건축하는 것을 허락하지 않을 것이었습니다. 또한, 이미 시청과 건축을 위한 일을 진행하고 있었기 때문에 건축하지 못하면 우리는 더 지금 교회 건물에서 예배나 모임을 할 수 없게 되었습니다. 그렇다고 유학생이 있는 지역을 떠나서 한인 타운으로 내려갈 수도 없는 노릇이었습니다. 유학생 교회라는 특수성과 그때까지 주신 하나님의 응답과 현실적인 상황 사이에서 이러지도 못하고 저러지도 못하는 상황에 놓여버렸습니다. 교인들 사이에도 의견이 분분하여서 한 동안 교회가 혼란스러웠습니다.

괴로운 마음으로 기도를 하고 있었는데, 하나님이 교회의 위치를 옮기는 쪽으로 마음을 주셨습니다. 이 당시 저는 우리 성도들에 대해 안타까움이 하나 있었습니다. 유학생 교회이다 보니 도움을 받는 것을 너무나 당연한 것처럼 생각하는 말과 행동을 교인들 속에서 많이 보아왔습니다. 그 말과 행동들이 저를 많이 불편하게 만들었습니다.

> 왜 다른 사람이 우리를 당연히 도와줍니까?
> 우리가 어렵다고 다른 사람들이 우리를 도와줄 의무는 없습니다. 도움받는 것을 당연하게 여기면 안 됩니다.
> 왜 우리는 나누지 못하고 돕지 못합니까?

기회가 있을 때마다 이런 교육을 했습니다. 그때 하나님께 드렸던 기도가 있습니다.

"하나님 도움받는 교회 하고 싶지 않습니다. 도와주는 교회 되게 해 주세요."

하나님이 제게 주신 마음이 있었습니다.

"교회의 비전을 넓히고, 성도들의 생각과 믿음의 그릇을 넓혀라."

그때 우리 교회가 있는 지역에 학교가 2개 정도 있었고, 댈러스 한인 타운 주변에 학교가 6~7개 정도 있었습니다. 댈러스 쪽으로 내려가서 지금 있는 학교뿐만 아니라 댈러스 지역에 있는 학교들의 유학생들도 품으라는 마음을 주셨습니다.

저의 생각을 성도들과 나누었는데, 역시 반응이 좋지 않았습니다. 교회의 위치를 한인 타운 쪽으로 옮기는 것을 드러내놓고 반대하는 사람들도 많았습니다. 저는 성도들의 반대가 당연하다고 생각했습니다.

목회자인 저조차도 지금 있는 자리에 교회를 건축하지 않고 한인 타운으로 위치를 옮긴다는 것을 받아들이기 어려웠는데 성도들이야 오죽했겠습니까?

그런데 현실상 교회 위치를 옮기지 않으면 안 되는 상황도 있었고, 하나님이 큰 비전을 품고 생각의 크기를 키우라는 마음을 주신 것도 있었습니다. 그래서 3주 동안 다 같이 기도하고 이전 문제를 결정하기로 했습니다.

3주라는 시간이 참 괴로웠습니다. 어떤 성도는 매일 밤 청년들에게 밥을 먹이면서 교회를 이전하면 안 된다고 설득하고 있다는 소식도 들려왔습니다.

한 청년은 저에게 찾아와서 이렇게 말했습니다.

"목사님 교회를 이전하지 않아야 한다고 하는 사람들은 모여서 대책 회의도 하고 설득하는 일도 하고 있는데 우리도 뭔가를 해야 하는 것 아닙니까?"

그 말을 듣는데 마음이 좀 힘들었습니다. 찾아온 청년에게 이렇게 이야기했습니다.

아무것도 하지 말고 기도만 해라. 우리 교회가 한인 타운으로 이전하는 것이 하나님이 세우신 계획이면 어떤 일이 있어도 이전하게 하실 것이다. 만약 하나님이 그것을 막길 원하신다면 반대하는 사람들을 통해서도 하나님은 일하실 것이다.

저도 3주 동안 기도 외에는 아무것도 하지 않았습니다. 사람들을 만나서 설득하지도 않았습니다. 설교 때 교회를 이전해야 한다고 이야기도 하지 않았습니다. 저도 왜 하나님이 이런 일을 벌이고 계시는지 궁금했습니다. 하나님이 일하시는 것을 보고 싶었습니다.

드디어 3주가 지나고 주일 예배를 드렸습니다. 보통은 예배를 마치고 점심 식사 후에 공동의회를 했습니다. 그런데 그날은 너무나 중요한 사안이었기 때문에 예배가 끝나고 점심 전에 바로 공동의회를 했습니다.

5

도대체 끝이 어딥니까?

　공동의회가 시작되었습니다. 투표를 진행하기에 앞서 하나님께서 지난 시간 우리 교회를 인도해 오신 과정을 설명했습니다. 또한, 그동안 기도하면서 하나님이 저에게 주셨던 마음을 나누고, 우리 교회가 앞으로 나갈 방향에 대해 비전 캐스팅을 하는 시간을 가졌습니다. 기도한 후 투표를 진행했습니다.

　공동의회 투표 결과는 83퍼센트의 찬성과 나머지는 기권과 반대였습니다. 투표 결과에 모두가 놀랐습니다. 교회의 위치를 옮기는 것을 반대하려고 했던 모든 시도가 헛수고였다는 것이 드러난 것입니다. 공동의회 투표의 결과를 보면서 하나님이 뭔가를 강하게 주도하고 계신다는 마음이 들었습니다.

　공동의회 투표는 하나님의 도우심으로 잘 끝났지만, 공동의회 후에 우리는 중요한 한 가정을 잃었습니다. 교회의 위치를 옮기는 것을 도저히 받아들일 수 없었던 한 가정이 교회를 떠났습니다. 저는 그분의 입장을 충분히 이해했습니다. 그분이 교회를 섬기면서 나름대로 우리 교회의 모습을 그렸을 것입니다. 그런데 그분이 생각한 방향과 너무 다르게 진행되는 모습을 받아들일 수 없었던 것입니다. 문제는 그 가정이 우리 교회에서 유일하게 유학생이 아닌 이민자 가정이었다는 것입니다. 이 가정이 떠나면서 정말 우리 교회는 유학생들만 남게 되었습니다. 공동의회로 교회가 큰 손실을 입었던 것입니다.

주일이 지나고 공동의회 결과를 우리를 지원하는 교회에 전달했습니다. 어렵고 고통스러운 과정을 통해 결정했으니까 일이 빨리 진행되길 바랐습니다. 그런데 이때부터 일이 꼬이기 시작했습니다. 지원하는 교회에 내부 상황에 좀 변화가 생긴 것 같았습니다. 일 진행이 계속 미루어지다가, 결국은 위성 교회로 지원하기로 한 계획 자체가 철회되어 버렸습니다. 모든 것이 없던 일이 되어버린 것입니다.

목회를 하다 보면 의도치 않게 교회의 정책이나 방향을 바꿀 수밖에 없는 상황이 생긴다는 사실을 너무 잘 알고 있습니다. 그런데 그때 그 결정은 우리 교회에는 치명타였습니다. 교회 이전을 결정하는 과정에서 중요한 한 가정을 잃으면서 이미 큰 타격을 입은 상태였습니다. 시청과 정보를 공유하면서 건축을 진행했기 때문에 건축을 못 하게 되면 우리 교회는 그 장소에서 더 이상 예배를 드릴 수 없는 상황이었습니다.

지원하는 교회만 믿고 있다가 한순간에 폭탄을 맞아 버렸습니다. 토요일에 그 교회로부터 결정된 소식을 전해 들었습니다. 앞이 캄캄했습니다. 앞으로 무엇을 어떻게 해야 할지 막막하기만 했습니다. 주일이 되었는데 차마 그 소식을 성도들에게 알릴 수 없었습니다. 월요일부터 총회에서 제공하는 개척 교회 목회자 세미나가 조지아주에서 있었습니다. 답답함과 괴로움으로 혼자 끙끙

앓으면서 비행기에 몸을 실었습니다.

세미나에 참석하면서 숙박은 동기 목사님의 집에서 신세를 졌습니다. 아침에는 그 교회에서 새벽 기도를 하고 오전부터는 세미나에 참석했습니다. 이틀째 새벽이었던 것 같습니다. 새벽 기도를 가려고 침대에서 몸을 일으키는 순간 한 문장의 음성이 섬광같이 제 머릿속을 스쳐 지나갔습니다.

"애굽도 의지하지 말고, 앗수르도 의지하지 말라."

저는 하나님이 그 말씀을 왜 하시는지 정확하게 알았습니다. 제가 기대고 의지하는 곳이 두 군데 있었습니다. 하나는 우리를 지원하고 위성 교회를 제안한 바로 그 교회였습니다. 또 다른 하나는 그 즈음에 교회를 합치면 어떻겠냐는 제안을 해 오신 한인 타운 쪽에서 목회하는 목사님이었습니다. 물론 합치기로 마음을 먹은 것은 아니었지만, 선택의 여지가 있다는 것이 저에게 지푸라기라도 잡는 것 같은 적잖은 위안을 주었습니다. 하나님은 그런 저의 마음까지 아시고 인간적인 방법에 기대지 말라고 하신 것입니다.

저는 그 자리에 무릎을 꿇었습니다.

"하나님, 아무도 지원하지 않아도 하나님만 의지하고 교회를 이전하겠습니다."

사실 이건 불가능한 이야기였습니다. 위성 교회를 생각하면서 우리 교회가 이전 장소로 알아본 곳이 한 달에 4,100불을 월세로 내야 하는 곳이었습니다.

유학생들 40여 명 정도 되는 교회가 어떻게 이런 큰 액수를 매달 감당하겠습니까?

그런데 하나님이 기어이 제 입에서 그 고백을 받아내고 말았습니다.

하나님은 놀라운 분이십니다. 우리 스스로는 절대로 한인 타운으로 내려올 꿈도 꿀 수 없었는데, 우리를 지원하는 교회를 사용해서 어쩔 수 없이 그 일을 결정하게 하시더니, 이제는 그 교회가 완전히 손을 떼게 해버리신 것입니다. 그 과정에서 한인 타운으로 이전하는 꿈은 우리 교회의 비전이 되어 버렸고, 아무도 의지할 수 없게 만드셨고, 오직 하나님만 바라보고 그 비전을 향해서 나가게 하신 것입니다.

세미나를 마치고 돌아오는 길에 저의 결심이 섰습니다. 세미나에서 돌아온 직후 운영위원들과 만남을 가졌습니다. 우리를 지원하는 교회가 위성 교회를 취소하기로 했다는 결정을 알려주었습니다. 세미나 때 있었던 일과 제 마음의 결심도 이야기했습니다.

저는 혼자라도 내려가기로 결정했습니다. 저와 함께 내려가도 좋습니다. 그렇지 않으면 원래 있는 미국 교회로 되돌아가서 새롭게 목회자를 모셔도 좋습니다. 여러분들이 결정하십시오.

제4부
한 번도 걸어보지 않은 길

1. 간이 부은 사람들
2. '모노'(Mono)에서 '스테레오'(Stereo)로
3. 체질을 바꾸기가 그리 쉽더냐
4. 끝없는 이별 연습
5. 하나님의 속도

1

간이 부은 사람들

외부의 도움 없이 교회를 한인 타운으로 옮기는 것은 실현 가능한 일이 아니었습니다. 그런데 하나님은 그 일을 계획하셨습니다. 위성 교회 계획을 통해 우리를 뒤흔드시고 이전을 결정하게 하셨습니다. 그다음에 우리가 의지할 도움의 줄을 모두 끊어버리셨습니다.

"애굽도 의지하지 말고 앗수르도 의지하지 말라."

이 말씀을 던져 놓고 우리의 반응을 기다리셨습니다. 교회를 이전하는 일에 오직 하나님만 믿고 의지하라는 메시지였습니다.

한번 계획을 세워 보았습니다. 우리 교회가 옮겨 가려고 계획한 장소는 작은 상가(Shopping Center) 건물의 한쪽 끝부분 공간이었습니다. 약 6,000SF(약 168평)의 공간을 개조해서 교회로 만들려고 했습니다. 매달 내야 하는 렌트비(Rent)가 4,100불이었습니다.

그때 우리 교회가 가지고 있었던 재정은 후원 편지와 외부로부터 온 헌금을 포함해서 약 78,000불이 전부였습니다. 여기서 입주 허가(Certificate of Occupancy)를 받기 위해서 해야 하는 리모델링 비가 최소 30,000불 정도 되었습니다. 그럼 남은 돈으로 렌트 비용을 내면 우리가 버틸 수 있는 기간은 약 1년이었습니다. 1년 안에 부흥해서 한 달에 4,100불의 렌트를 감당할 수 있는 교회가 되어야 살아남을 수 있었습니다. 만약 렌트비를 감당하지 못하면 1년 뒤에는 교회가 파산(Bankrupt)을 당해서 공중분해 되어버릴 것입니다.

40명의 유학생으로 구성된 교회가 1년 안에 4,100불의 월세를 감당하는 교회로 성장하는 것은 현실적으로 불가능했습니다.

이제 목회를 시작한 지 4~5년 된 30대 중반을 갓 넘어선 목회자에게 무슨 능력이 있어서 그 일을 해내겠습니까?

그것에 더해서 교회 운영비와 기타 비용들을 충당하는 것은 우리의 상황에서는 너무나 버거운 일을 넘어 거의 불가능에 가까운 일이었습니다. 현실적인 계산을 해 주면서 이런 위험부담을 안고도 교회를 이전하겠느냐고 운영위원들에게 물었습니다. 그런데 놀랍게도 운영위원들 전원이 그 자리에서 아무런 주저함 없이 찬성의 의사를 밝혔습니다. 한마디로 말해서 모두 다 정신이 나갔거나 간이 부어버린 것이었습니다.

이것이 하나님의 기적 역사를 경험한 사람들의 반응입니다. 하나님의 일하심을 한번 보고 나면 간이 붓기 시작합니다. 하나님을 믿고 모험을 시작합니다. 여기서 함정은 운영위원들은 모두 유학생이어서 법적인 책임을 질 사람이 한 명도 없었다는 것입니다. 모든 재정적이고 법적인 책임은 고스란히 목회자인 저의 몫이었습니다.

이것이 개척 교회, 작은 교회 목회자들의 또 다른 어려움이기도 합니다. 의지할 곳 없이 철저하게 혼자 책임지고 감당해야 하는 외로운 자리가 개척 교회 목회자의 자리입니다. 그런데 나중에 보니 저도 법적 책임자가 아니었습니다. 책임자 노릇을 하느라 힘들었는데, 우리 하나님이 책임자였다는 것을 나중에야 알게 되었습니다.

2009년 11월 하우스 교회에서 3년간의 시간을 마무리하고 한인 타운이 있는 루이스빌(Lewisville)이라는 도시로 교회를 이전했습니다. 쇼핑몰 주인과 3년 계약하고 들어갔습니다. 약 40명의 유학생이 함께 내려왔습니다. 한 명도 이탈하지 않고 모든 사람이 다 함께 옮겨온 것도 하나님의 은혜였습니다.

　한인 타운이 있는 루이스빌로 내려와 보니 하나님의 예비하신 것들이 있었습니다.

　거리상으로는 유학생이 있는 지역으로부터 멀어졌지만, 결론적으로는 유학생들에게 더 유익하고 좋은 면이 많았습니다. 한인 타운에 한인 마트인 H마트가 있기 때문에 유학생들은 시장을 보기 위해서 적어도 일주일에 한 번은 한인 타운으로 나옵니다. 밥을 먹으러 주중에 나오는 경우도 많았습니다. 주말이 되면 유학생 타운에 있는 학생들도 외식하기 위해서 한인 타운으로 바람을 쐬러 나오고 싶어 했습니다. 그런데 우리 교회 유학생들은 주일날 교회에 오면서 시장도 보고, 바람도 쐬고, 밥도 먹는 소위 원스톱 쇼핑(one stop shopping)이 가능해졌습니다. 차가 없는 유학생들에게는 카풀을 하게 했고, 때로는 시장을 보기 위해서 교회 차로 라이드를 제공하기도 했습니다.

　교회를 이전하고 얼마 지나지 않아서 큰나무뮤직아카데미를 만들었습니다. 대부분이 음악 유학생이었기 때문에 가능했습니다. 큰나무뮤직아카데미는 두 가지 면에서 유익했습니다.

　첫째, 주변에 있는 한인 자녀들에게 질 높은 악기 레슨을 부담되지 않는 가격으로 제공할 수 있었습니다. 음악학원이나 개인 레슨을 하는 곳보다 훨씬 더 저렴하게 레슨을 제공했습니다. 가장 많을 때는 레슨생이 50명에 육박할 정도로 인기였습니다.

둘째, 유학생들(우리 교회 성도)이 음악 레슨으로 학비와 생활비를 마련할 수 있었습니다. 보통 아르바이트는 한 시간에 10불도 벌지 못할 때, 음악 레슨으로 30~35불을 벌었습니다. 교회에서 뮤직아카데미를 운영했지만, 레슨비를 모두 선생님들이 가져가게 했기 때문에 가능했습니다. 큰나무뮤직아카데미를 통해 유학생들이 학비와 생활비를 충당해서 학업을 무사히 마칠 수 있었습니다. 때론 학비가 없는 학생들에게 학비를 보조해 주어서 돈이 없어서 유학을 마치지 못한 학생은 없었습니다.

교회를 이전하면서 가장 걱정한 부분은 재정적 문제였습니다. 그런데 역시 우리 하나님이셨습니다. 교회를 이전하고 3년 동안 월세를 내지 못하거나, 늦게 낸 적이 한 번도 없었습니다. 우리 교회의 재정이 부족할 때는 어디서부터 왔는지 재정을 보내 주셨습니다. 연초에 일 년 예산을 세울 때 수입 예산을 세우긴 했지만, 그 재정을 충당할 자원은 없었습니다. 그런데 연말에 결산하면 연초에 세운 예산을 훨씬 넘는 재정이 채워졌습니다. 그 재정이 다 어디서 채워졌는지 신기하기만 했습니다. 이런 현상이 3년 내내 반복되었습니다. 3년 동안 재정이 부족하다고 누군가에게 도움을 요청한 적이 한 번도 없었습니다. 하나님이 다 알아서 채워주셨습니다.

성전을 이전하고 나니 진짜 문제는 재정적 문제가 아니었습니다. 어려움은 전혀 엉뚱한 방향에서 찾아왔습니다. 목회하면서 처음으로 겪는 새로운 어려움이었습니다.

2

'모노'(Mono)에서 '스테레오'(Stereo)로

목회를 힘들어할 때 제가 잘 아는 교수님이 "물고기를 잡으려면 물고기가 많은 곳으로 가야 한다"라고 위로를 해 준 적이 있었습니다. 우리 교회는 한인들이 사는 곳과는 동떨어진 곳에 위치해 있었기 때문입니다. 자연히 새로운 성도들이 올 가능성이 없는 곳이었습니다.

물고기를 잡고 싶어도 잡을 물고기가 없었습니다. 그런데 교회가 한인 타운으로 이전하면서 물고기 떼 속으로 들어가게 되었습니다. 그래서 저는 교회를 한인 타운으로 이전하면 모든 것이 다 좋아지고 잘 될 줄 알았습니다.

기대와는 달리 우리가 맞닥뜨린 현실은 생각처럼 그리 호락호락하지 않았습니다. 물고기는 많았지만, 우리보다 좋은 위치, 훨씬 더 크고 좋은 시설과 자녀 교육 프로그램으로 사람들을 강하게 끌어당기는 교회들이 너무 많이 포진해 있었습니다. 교회도 사람들이 자기가 다닐 교회를 찾아서 선택하는 것이기 때문에 어쩔 수 없는 경쟁이 생겨날 수밖에 없는 상황이었습니다. 그런 면에서 우리 교회는 아무것도 가진 것이 없는 경쟁력에서 가장 뒤처지는 교회였습니다. 단 하나 내세울 장점이라고는 오직 말씀으로 목회하는 교회라는 것밖에 없었습니다. 교회를 이전하고 나서야 현실의 높은 벽을 실감했습니다.

교회 내부적으로도 기대치 않은 어려운 상황에 처하게 되었습니다. 교회를 이전하면서 모든 환경이 좋아졌는데 성도들의 얼굴은 오히려 밝지 않았습니다. 새로운 마음으로 열심히 신앙생활을 해야 하는데 오히려 열심은 더 떨어진 것 같았습니다.

찬양팀 안에서도 갈등이 생겼습니다. 작은 하우스 교회에 있을 때는 제대로 된 음향 시스템도 없었습니다. 키보드와 드럼도 아주 싸고 낡은 악기였습니다. 마이크도 제대로 없었습니다. 작은 거실 같은 예배실에서 다닥다닥 붙어서 찬양할 때도 은혜롭게 열심히 찬양했던 찬양팀이었습니다. 그런데 성전을 이전하면서 100명 정도 들어가는 예배실이 생겼습니다. 음향 시스템도 최고는 아니지만, 음악 공연을 할 수 있는 소공연장 부럽지 않을 정도의 시스템을 갖추었습니다. 키보드와 드럼도 수준급의 악기로 구입했습니다. 각 싱어들에게는 개인 마이크가 주어졌고, 모니터 스피커까지 설치했습니다.

이런 좋은 환경에서 찬양팀은 더 은혜롭게 찬양하지 않고 오히려 팀원들끼리 갈등을 일으키고, 연습할 때마다 불협화음이 터져 나왔습니다. 각 악기 연주자들끼리 연주 스타일이 너무 다르다고 불만을 이야기했습니다. 마이크에 자기 소리가 잘 들리지 않는다고 서로 자기 소리를 더 키우길 원했습니다. 찬양 인도자의 인도 스타일을 가지고도 말이 많았습니다. 성도 중에는 교회만 오면 머리가 아프다고 하는 사람도 있었습니다. 예전에 있던 하우스 교회가 그립다고 불평 아닌 불평을 하는 사람도 있었습니다. 심지어 예전 교회 마당에 뛰어다니던 토끼가 보고 싶다는 사람까지 생겨났습니다.

  모든 상황이 다 좋아졌는데 사람들이 왜 이렇게 행동하는지 이해가 되지 않았습니다. 이 문제를 고민하면서 새벽에 기도하는데 하나님이 저에게 이미지 하나를 보여 주셨습니다. 큰 용이 우리 교회 건물 전체를 꽈리를 튼 상태에서 고개를 쳐들고 입을 벌려서 교회 전체를 집어삼키려고 하는 그림이었습니다. 그 이후에 일주일 동안 계속해서 교회를 위해서 기도하고, 마귀를 대적하는 기도를 했습니다. 일주일이 지나고 토요일 새벽 기도를 하는데 하나님은 또 한 번 이미지를 보여 주셨습니다. 교회 옥상에서 홍해가 갈라지는 이미지였습니다. 그런데 정말 신기하게도 그 이후부터 성도들이 갈등하고 불평하는 모습들이 사라지고 다시 정상으로 돌아왔습니다.

  저는 신비주의자가 아닙니다. 신비적인 현상을 추구하지도 않습니다. 저는 철저하게 말씀을 위주로 목회하는 목회자입니다. 지금도 말씀을 중심으로 상식적이고 이성적인 목회를 해나갑니다.

  한번은 설교 시간에 위에 나온 경험을 나눈 적이 있었습니다. 그로부터 몇 주 뒤에 신비주의에 빠진 몇 사람이 우리 교회 예배에 참석했습니다. 예배를 마치고 대화를 나누는 자리에서 자기들이 온 것은 제가 본 '용과 홍해의 이미지'(또는 그림)에 대한 저의 설교를 듣고 우리 교회에서 신앙생활을 하려고 왔다고 했습니다. 환상을 보는 목회자와 신앙생활을 하고 싶어서 온 것이었습니다. 제가 그분들에게 이야기했습니다.

"저는 제가 본 것을 '환상'이라고 표현하지 않습니다. 하나님이 보여 주신 '이미지 또는 그림'이라고 표현합니다."

그런데 그분들은 저에게 그것이 환상이라고 우겼습니다. 제가 그분들의 이야기를 받아들여 주지 않자 그다음 주부터는 더 이상 우리 교회에 출석하지 않았습니다. 저는 오해를 일으키지 않기 위해서 '환상'이라는 말보다는 '이미지나 그림'이라는 말을 쓰길 좋아합니다.

그런데 제가 신비주의를 추구하지 않지만, 현장에서 목회를 하다 보면 신학적으로는 설명할 수 없는 신비한 일들이 일어나는 것을 경험합니다. 이런 경험은 한 번으로 끝나지 않았습니다. 우리 교회가 이후에 교회를 두 번 더 이전할 때마다 비슷한 일들이 일어났습니다.

교회를 이전하는 것은 단순히 사람과 건물의 이동이 아닙니다. 영적인 일이고, 영적 싸움이 존재합니다. 특히 교회 이전을 하고 짧게는 3개월, 길게는 1년 동안 이 싸움이 진행됩니다. 이 싸움에서 이기지 못하면 교회가 분열하기도 하고, 교회를 이전하고 오히려 더 힘들어지는 경우도 생깁니다. 교회는 돈으로 되는 것도 아니고, 사람으로 되는 것도 아닙니다. 하나님이 일하시는 영적인 일입니다. 반드시 교회를 이전하는 전과 후에 집중하여 기도로 교회를 세워가야 합니다.

교회를 한인 타운으로 이전하면서 유학생 교회가 본격적으로 이민 교회로 변화되는 첫걸음이 되었습니다. 한 교회가 세워지기 위해서 얼마나 많은 영적 에너지, 물질적인 뒷받침, 성도들의 헌신이 필요한지 뼈저리게 느끼는 시간이었습니다. 말씀과 기도에 매달렸지만, 그것만으로 다 해결되는 것은 아니었습니다. 교회 구성원들이 뿜어내는 복잡한 다양한 문제들을 해결하기 위해서는 위로부터 오는 하나님의 지혜가 너무나 많이 필요했습니다. 교회는 영적인 공동체이기도 하지만, 동시에 육신의 온갖 욕구를 가진 사람들이 모인 집단이기도 하기 때문입니다.

　유학생들과 목회를 할 때도 힘들긴 했지만 모든 문제가 단순한 '모노'(Mono)에 가까웠습니다. 그런데 이민자들 목회는 유학생 목회에 비하면 모든 것이 미묘하고 복잡한 '스테레오'(Stereo)였습니다. 한인 타운으로의 교회 이전은 곧 사람들이 가진 다양한 문제 속으로 깊숙이 들어오는 것이라는 사실을 겪어 보기 전엔 몰랐습니다.

3

체질을 바꾸기가 그리 쉽더냐

　한인 타운으로 이전할 때 약 40명의 유학생이 함께 내려왔습니다. 시간이 지나면서 이민 가정들이 하나둘씩 늘어나기 시작했습니다. 유학생 교회에 어른 가정들이 들어오기 시작하면서 겉으로는 부흥하고, 교회가 성장하는 것처럼 보였습니다. 그런데 내부적으로는 엄청난 진통을 겪기 시작했습니다.

　이민자로 살아가는 장년들은 유학생들과는 완전히 달랐습니다. 교회에 오는 이유도 참 다양했습니다. 교회가 가까워서, 작은 교회가 좋아서, 원래 다니던 교회에서 갈등이 생겨서, 더 이상 옮겨 다닐 기존 교회가 없던 차에 새로 생긴 교회라서, 작은 교회에 가면 목회자의 관심과 사랑을 많이 받을 수 있어서, 설교가 좋아서 ….

　모두 다 우리 교회가 좋아서 오는 것이었지만, 조금 더 자세히 들여다보면 각자가 원하는 것을 마음에 품고 있었습니다. 작은 교회이기 때문에 목회자 부부의 관심과 사랑을 받을 수 있다고 생각하고 오는 사람들이 있었습니다. 이분들은 목회자의 사랑을 독차지하려고 끊임없이 관심을 끄는 행동을 하고, 문제를 만들어냈습니다. 빨리 자기가 원하는 직분이나 자리를 얻기를 원하는 사람들도 있었습니다. 그런 분들에게는 유학생들만 있는 우리 교회가 너무 쉬워 보였을 것입니다. 가는 교회마다 트러블을 만들어서 더 이상 갈 교회가 없는 사람들도 우리 교회를 찾아왔습니다. 이런 분들에게도 우리 교회는 새롭게 시작할 좋은 교회였습니다.

교회는 이런 분들의 요구를 다 충족시켜 줄 수 없었습니다. 교회에는 원칙이 있습니다. 우리 교회도 우리 교회만의 원칙이 있었습니다. 새로 온 분들은 나이와 이전 교회에서 받았던 직분에 상관없이 적어도 1년이 지나야 소그룹 리더가 될 기회가 주어졌습니다. 운영위원으로 참여하려면 적어도 2년이 지나야 세워질 수 있었습니다(그때 상황에서의 기준, 지금은 훨씬 오랜 시간이 지나야 임명을 합니다).

이렇게 한 이유는 적어도 1년을 지나 봐야 교회와 성도들이 그분들의 사람됨과 신앙을 조금이나마 확인할 수 있고, 또 그분들도 우리 교회의 목회 방향과 원칙을 알아야 할 시간이 필요했기 때문입니다. 그리고 그 시간 동안 지도자로 세워지기 위해서 필요한 교육도 받을 수 있기 때문이었습니다.

그 당시 우리 교회의 소그룹 리더들과 운영위원들은 모두 젊은 학생들(싱글과 젊은 부부)이었습니다. 새로 온 분들은 이들에 비하면 대부분 삼촌뻘, 아버지뻘이었습니다. 이분들이 자기보다 훨씬 더 연배가 낮은 리더가 인도하는 소그룹에서 적어도 1년을 속해 있어야 했고, 젊은 유학생들이 운영위원으로 있는 교회에서 신앙생활해야 했습니다. 신앙생활을 오래 하셨거나, 다른 교회에서 직분을 맡았던 분들의 눈에는 우리 교회가 마치 아이들 소꿉장난하는 것처럼 보였나 봅니다. 나이 든 본인들을 놔두고 청년들과 교회의 중요한 일들을 결정하고 교회를 운영해 가는 것을 못마땅해 했습니다. 기회가 될 때마다 본인들에게 중요한 역할을 맡기라는 은근한 압력을 행사하기도 했습니다. 그렇게 하지 않으면 교회를 떠날 것이라고 공공연하게 말을 흘리기도 했습니다.

저도 고민이 많아졌습니다.

'나이 든 사람들에게 젊은 청년들의 리더십을 따르라고 해야 하는 것이 맞는 것인가?

아니면 교회가 정한 원칙과 저의 목회 신념을 바꾸면서 이분들을 빨리 세워야 하나?'

오랜 고민을 하다가 원칙을 그대로 지키는 것으로 결론을 내렸습니다. 원칙을 바꾸어서 사람을 세우면 지금 당장은 사람들이 좋아하고, 교인들 숫자도 늘어날지 모르지만, 장기적으로 봤을 때는 교회의 질서가 다 무너져 버려서 교회를 건강하게 세우는 데 걸림돌이 될 것 같았기 때문이었습니다.

원칙을 바꾸지 않으니 저를 회유하는 분들도 있었습니다. 본인에게 원하는 직분을 주면 저의 사례비와 목회에 필요한 비용을 자기가 책임지겠다는 분들도 있었습니다. 제가 본인이 원하는 대로 따라주면 1,000,000불을 헌금하겠다는 분들도 있었습니다. 이분들은 제가 원하는 대로 따라주지 않으니까 결국 교회를 떠났습니다.

이민 목회를 하면 할수록 원칙을 고수하기가 쉽지 않음을 절감하게 되었습니다. 유학생 목회가 '일차 방정식'이라면 이민 목회는 '미분이나 적분'처럼 복잡한 수식을 풀어내야 했습니다. 유학생 청년들은 문제가 단순했습니다. 보이는 것이 대부분이었습니다. 그런데 이민자들은 보이는 문제와 감추어진 문제가 달랐습니다. 제곱근 (Square root) 안에 들어 있는 숫자가 액면 그대로의 숫자가 아닌 것처럼 드러난 의도와 감추어진 의도가 달랐습니다. 원칙을 고수하다 보면 사람들이 불만이 생기고, 원칙을 무너뜨리고 사람들에게 맞추면 공동체가 흔들렸습니다. 원칙만 너무 강하게 주장하다 보면 소통이 막히고, 원칙을 너무 느슨하게 적용하면 혼란이 가중되었습니다.

유학생 교회가 이민 교회로 옮겨가는 과정은 너무나 험난한 과정이었습니다. 일차 방정식만 풀던 학생이 미분, 적분 문제 앞에 당황해하듯이 저는 이민 목회 환경에서 제대로 된 답을 찾지 못하고 헤맸습니다. 혼란과 혼동 속에서도 놓치지 않았던 것이 오직 말씀을 가르치고 기도하는 일에 집중하는 것이었습니다. 문제는 끊임없이 터졌고, 기도하면서 그것을 해결해 나가는 것이 힘겨웠습니다. 그런 와중에도 하나님의 은혜로 교회는 조금씩 성장하고 세워지고 있었습니다.

4

끝없는 이별 연습

이민 교회는 마치 끝없이 이별하는 '이별의 부산 정거장' 같습니다. 교회가 유학생 교회에서 이민 교회로 바뀌면서 점점 더 많은 사람이 교회로 왔습니다.

처음에는 이런 고민을 많이 했습니다.

'오는 사람들을 어떻게 맞을까?'

'앞으로 어떤 사람들이 올까, 어떤 사람들을 만나게 될까?'

이런 기대로 설렘이 있었습니다.

교회로 온 사람들이 오래도록 남아서 건강하게 신앙생활을 하면 얼마나 좋겠습니까?

그런데 사람들이 올수록 떠나는 사람들도 하나둘 생겨나기 시작했습니다. 떠나는 이유와 형태도 너무나 다양했습니다.

몇 주 출석했다가 소리 소문 없이 사라지는 사람,
몇 달 후에 적응이 힘들다고 떠나는 사람,
청년들이 너무 많아서 부담스럽다고 떠나는 사람,
교육부에 또래 아이들이 없다고 떠나는 사람,

교회가 안정되어서 자기가 일할 자리가 없다고 떠나는 사람,
자기가 생각했던 것보다 교인들의 숫자가 적다고 떠나는 사람,
성도들과 관계가 좋지 않아서 떠나는 사람,
목회자에게 시험 들었다고 떠나는 사람,
자기를 알아주지 않는다고 떠나는 사람,
새로 온 사람들만 챙긴다고 떠나는 오래된 사람,
졸업하고 떠나는 청년,
직장 때문에 이주하는 사람 ….

이별을 경험할 때마다 그 아픔은 고스란히 남겨진 자의 몫이었습니다. 처음에는 이별을 경험할 때마다 모두가 다 내 탓인 것만 같아서 너무 힘들고 괴로웠습니다.

> 내가 좀 더 잘했으면, 내가 좀 더 능력 있는 목회자였으면, 내가 좀 더 따뜻하게 대했더라면, 내가 좀 더 설득을 잘 했더라면, 내가 기도를 좀 더 열심히 했더라면 ….

이런 자책으로 괴로워했습니다. 매도 맞은 자리에 계속해서 맞으면 피멍이 들듯이, 이별의 고통도 반복되다 보니 마음이 너덜너덜해져 버렸습니다.

이별에는 아픈 이별, 안 아픈 이별이 따로 있는 것이 아니었습니다. '이별'이라고 이름이 붙은 모든 것은 대상과 상황과 상관없이 아프고 괴로웠습니다. 정말 사랑하고 믿었던 사람들에게 이별을 통보받을 때는 온몸을 몽둥이로 얻어맞고, 몸살을 앓는 것처럼

아프고 괴로웠습니다. 평소에 문제를 일으키고, 괴롭히던 사람들이 떠날 때는 속이 편할 줄 알았습니다. 그런데 아프고 힘들긴 매한가지였습니다. 좀 다른 감정이긴 했지만, 가슴을 후벼파는 정도는 별로 다르지 않았습니다. 사랑하고 믿었던 사람에게는 '배신감'이라는 감정이, 문제를 일으키던 사람들에게는 '무능함'이라는 감정이 저를 괴롭혔습니다.

'내가 능력이 없어서 결국 저 사람을 변화시키지 못했구나.'

나를 사랑해 주지도 않는 사람에게 일방적으로 사랑을 쏟아붓다가 내 사랑과 능력이 부족해서 차여버린 감정이었습니다. 이별 앞에 실연당한 사람이 되고, 패배자가 되어 버렸습니다.

이별을 반복해서 경험하면서 내가 어쩔 수 없는 이별도 있다는 것을 배우기 시작했습니다. 내가 아무리 잘해도, 아무리 말려도, 아무리 붙잡아도, 막을 수 없는 이별이 있다는 것을 경험했습니다.

우리 교회 와서 뼈를 묻겠다는 사람들도 있었고, 목사님 같이 목회하는 분을 못 만나 봤다고 하는 분들도 계셨습니다. 자신은 하나님만 바라보고 신앙생활 하니까 목사님은 저까지 신경을 쓰지 말고 다른 분들에게 관심을 가져달라는 분들도 계셨습니다. 자신은 배신을 당했으면 당했지, 절대로 사람을 배신하지 않는다는 분들도 계셨습니다. 모두 다 인간의 호언장담으로 끝나는 것을 보아야 했습니다. 처음에 와서 자기 자신의 결심에 대해서 확신하고 말씀하신 분들은 떠날 때도 확신하고 떠났습니다.

이별 속에는 하나님이 저를 훈련하려는 것도 있었습니다. 목회 초기부터 어느 순간까지 하나님은 교회에서 재정적인 기여도가 가장 높은 분들을 떠나게 하셨습니다. 세 번이나 그런 일을 경험했습니다. 모두 떠나야 할 상황들이 생겨서 떠나신 것입니다. 그런데 저는 그 일이 하나님이 저에게 주시는 메시지라고 받아들였습니다. 목회할 때 사람을 의지하지 말라는 메시지로 들었습니다.

우리 교회는 헌금을 많이 하거나, 교회에 크게 기여했다고 해서 교회 앞에서 공개적으로 칭찬하거나 사람들 앞에서 지목해서 드러내지 않습니다. 그것이 교회도 건강하게 지키고, 교회를 위해서 헌신하신 분들도 건강하게 지킬 수 있다고 믿기 때문입니다. 가끔 새로 오시는 분 중에 드러내서 칭찬해 주지 않는 것을 못마땅해 하는 분들도 있는데, 우리 성도들은 그런 분위기를 알기 때문에 당연하게 받아들입니다. 그래서 그런지 목회자에게 잘 보이려고 헌금하거나, 자기를 과시하고 싶어서 뭔가를 하려고 하는 분들이 거의 없습니다. 정말 하나님께 드리고 싶은 마음으로 드립니다. 저는 그런 성도들을 보면서 참 감사합니다.

이민 목회를 하면서 이별도 목회의 한 부분임을 알게 되었습니다. 이별을 잘해야 교회가 건강해진다는 것도 배웠습니다. 떠날 때는 어떤 이유로 떠나든 축복을 해줍니다. 욕하고 비난하지 않습니다. 하나님이 서로에게 허락한 시간이 여기까지라고 받아들입니다. 떠난 사람에게는 또 다른 하나님의 훈련과 계획이 있을 테고, 남겨진 사람들에게도 하나님이 주시는 메시지가 있기 때문입니다. 여전히 이별 앞에서 마음이 아프긴 하지만 예전처럼 그렇게 심하게 자책하지 않습니다. 대신 겸손해집니다. 이별을 유익으로 삼습니다.

이민 교회 성도들 사이에 우스갯소리로 하는 이야기가 있습니다. "나라도 버리고 왔는데, 교회 하나 옮기는 것은 식은 죽 먹기지"(정말 나라를 버리고 온 것이 아닌, 그냥 언어적 표현입니다).

슬픈 이야기지만 고국을 떠나 멀리 타국에서 생활하는 마음 둘 곳 없는 이민자들의 심리 상태를 보여 주는 이야기입니다. 그래서 그런지 이민 교회는 고국 교회보다는 이별이 잦습니다.

떠나는 정거장에서 왜 떠나느냐고, 가지 말라고 하는 사람은 없습니다. 그냥 눈물을 훔치면서 조용히 손을 흔들어 줍니다. 자기만의 떠나야 할 이유가 있는 것을 알기 때문입니다. 때론 그 이별의 정거장이 만나기 위해서 마중 나가는 만남의 정거장이 되기도 합니다. 떠나는 사람 축복해 주고, 오는 사람 사연을 묻지 말고 맞아주는 것이 이민 목회의 모습입니다. 그 속에 하나님이 일하시도록 맡기는 것만이 우리가 할 일입니다.

5

하나님의 속도

목회는 제가 생각한 것보다 훨씬 더 느리고 더디게 진행되었습니다. 마음속에는 늘 조급함이 자리 잡고 있었습니다.

'언제 하나님이 강력하게 역사하시려나?'

인간의 욕심은 하루아침에도 100층 빌딩을 쌓아 올리고 싶을 만큼 급합니다. 그런데 하나님은 이스라엘 백성들이 애굽에서 죽겠다고 부르짖으면서 지금 당장 구원해 달라고 기도했을 때, 아기 모세가 태어나게 하실 만큼 느긋하셨습니다. 그리고 80년을 더 기다려서 이스라엘 백성들을 애굽에서 빼내 주셨습니다.

이것이 하나님의 시간 개념이었습니다. 느린 것 같지만 가장 적절한 타이밍에 가장 완벽하게 일하셨습니다.

교회 이전 이후 3년 동안 저는 교회가 참 느리게 성장한다고 생각하고 있었는데, 하나님은 참 많은 일을 하고 계셨습니다. 큰나무뮤직아카데미를 만들어서 유학생과 이민자를 섬기게 하셨습니다. 인디언(Native American) 선교를 시작하게 하셔서 우리 교회 선교의 발판을 마련하게 하셨습니다. 자녀들이 한 명도 없는 유학생 교회에서 이민 교회로 세워지기 위해서 제일 어려운 과정이 교육

부서가 세워지는 과정입니다. 그런데 아이들이라고는 제 딸 하나밖에 없었는데, 3년 만에 유아부에서 유스(청소년)까지 모든 연령대의 예배가 세워지게 하셨습니다.

쇼핑센터와 계약한 3년의 세월이 다 끝나가고 있었습니다. 성도들의 숫자가 조금 늘어나고 어린이 예배가 세워지면서 더 큰 공간으로 이동해야 할 필요가 생겼습니다. 교회 건물을 사보려고 했는데 그때는 교회를 살 여력이 되지 않았습니다. 또 미국 교회 건물을 빌려서 쓰기에는 성도들의 숫자가 너무 많아졌습니다.

그때 하나님이 주신 지혜가 '예배는 따로, 사역은 함께'(Worship Separately, Ministry Together)라는 아이디어였습니다. 교회 건물을 가지고 있는 미국 교회와 건물을 나누어 쓰면서 사역을 같이하는 것입니다. 이것은 미국 교회 공간을 빌려 쓰는 것과는 완전히 다른 개념입니다. 교회의 예배와 재정은 모두 독립적으로 운영하고, 어린이 예배는 영어를 사용하기 때문에 같이 하고, 사역과 선교를 할 때는 서로 협력하는 것입니다.

영어가 필요한 사역에는 그들이 주도하고, 한국어가 필요할 때는 우리가 주도하는 형식의 모습입니다. 두 가지 효과가 있습니다.

첫째, 건물이 없는 우리는 교회 건물에 대한 필요가 해결되는 것입니다.

둘째, 미국 교회는 선교와 사역의 자원들이 더 풍부해지는 것입니다. 물론 교회 관리와 운영비는 공동으로 부담하는 것을 원칙으로 합니다.

다행히 한 교회를 찾았습니다. 그 교회의 담임목사님인 마크 모리스(Mark Mohrwes)를 만나서 제가 가진 'Worship Separately, Ministry Together'라는 비전을 나누었습니다. 마크 목사님은 제가 나눈 비전에 흔쾌히 동의했고 계속해서 만나면서 계획을 구체화 시켰습니다. 두 교회가 함께 하기 위한 그림이 어느 정도 완성이 되었을 때 두 교회의 리더십들이 한자리에 모였습니다. 모든 일이 순조롭게 진행되었고 두 교회가 최종적인 결정만 하면 바로 실행할 단계에까지 이르렀습니다. 그런데 우리의 계획을 안 노회가 갑자기 중간에 끼어들어서 일의 진행을 막아버렸습니다.

우리 교회와 협력하려고 했던 교회가 우리 교단이 아닌 것이 문제가 되었습니다. 혹시 우리 교회가 교단을 탈퇴해서 협력하는 교회가 속한 교단으로 옮겨가지 않을까 하는 우려 때문에 급하게 제동을 건 것입니다. 우리가 아무리 그럴 계획이 전혀 없다고 해도 소용이 없었습니다.

계약은 끝나 가는데 마땅한 대안이 없이 11월로 접어들고 있었습니다. 노회에서 연락이 왔습니다. 노회에 속한 미국 교회 FPC(First Presbyterian Church of Lewisville)가 있는데 우리 교회가 사용할 수도 있을 것 같다는 이야기였습니다. 그런데 문제는 미국 교회가 내부적으로 심각한 갈등을 겪고 있어서 그 문제가 해결되어야 우리 교회가 사용하는 것을 결정할 수 있다고 했습니다.

문제를 해결하려고 노회가 조정하고 있으니까 기도를 하고 있으라고 했습니다. 노회 관계자는 문제가 해결되려면 적어도 6개월이 걸릴 것이라고 알려주었습니다. 문제는 우리 교회가 쇼핑센터와 한 계약이 두 달 안에 끝나는 것이었습니다. 그리고 미국 교회 내부 문제가 해결되더라도, 우리 교회가 미국 교회 안으로 들어가는 것을 결정하는 데는 또다시 많은 시간이 필요했습니다. 미국 교회 일 처리 속도로 봤을 때는 적어도 3개월 이상은 걸릴 문제였습니다.

그런데 하나님이 하시는 일은 우리 생각과는 너무나 달랐습니다. 미국 교회 내부 갈등 문제가 갑자기 다 해결되어 버렸습니다. 12월 3일에 미국 교회 리더십들과 우리 교회 리더십들이 처음 만났습니다. 그리고 12월 27일에 미국 교회로 이사를 했습니다.

일이 정말 번갯불에 콩 구워 먹듯이 일사천리로 진행되어버렸습니다. 하나님의 시간은 알다가도 모를 일입니다. 어떤 때는 정말 속이 터질 정도로 느리게 움직이다가 어떤 때는 따라가지도 못할 정도로 정신없이 일을 처리해 버리십니다.

우리 교회는 하나님의 인도를 받아서 새로운 보금자리로 들어갔습니다.

제5부
끝까지 방황해야 새로운 길이 보인다

1. 다시 광야로 들어가다
2. 마음에 중풍병이 찾아오다
3. 하나님의 침묵이 깨지다
4. 심장이 다시 뛰기 시작하다
5. 하나님이 일하시기 시작하다

1

다시 광야로 들어가다

우리 교회가 미국 교회인 FPC(First Presbyterian Church of Lewisville)로 들어갈 때 파격적인 조건으로 들어갔습니다. FPC는 한때 성도가 400명에 육박하던 교회였는데, 우리가 들어갔을 때는 80명이 채 모이지 못하는 교회가 되어 있었습니다. 교회의 갈등 때문에 젊은 그룹은 다 떠나고 나이가 많은 흰머리를 가진 분들만 남아 교회를 지키고 있었습니다.

FPC는 주일 예배를 오전 10시에 한 번만 드렸습니다. 오전 11시가 되면 예배가 끝났고, 그 이후에 별 활동도 없이 집으로 다 돌아갔기 때문에 11시 이후부터 우리 교회가 마음껏 사용할 수 있었습니다. 우리 교회는 주일 1부 예배를 오전 8시 30분에 드렸고, 주일 2부 예배를 오후 12시 정각에 드렸습니다.

주중에도 FPC는 활동이 거의 없었기 때문에 교회의 모든 시설을 우리 교회가 사용했습니다. 건물의 소유권은 FPC에 있었지만 실제로는 우리 교회처럼 자유롭게 사용했습니다.

우리가 FPC로 들어가면서 건물을 관리하고 운영하는 데 쓸 수 있도록 매달 3,000불을 FPC에 지급했습니다. 그런데 이것을 렌트비(Rent Fees)라고 부르지 않고 기여금(Contributions)이라고 불렀습니다. 계약할 때도 계약(Contract)이라고 하지 않고 약속(Covenant)이라고 했습니다. 두 교회는 부활절이나 성탄절이 되면 함께 예배도 드리고, 일 년에 몇 차례씩 음식도 함께 나누어 먹으면서 한 가족처럼 지냈습니다.

노회가 우리 교회를 FPC로 들어가도록 할 때 노회는 나름의 계획을 하고 있었습니다. FPC가 노령화되어 더 이상 건물을 소유하고 관리할 수 없을 때 교회 빌딩을 자연스럽게 우리 교회에 넘기길 원했습니다. FPC는 나이 많은 노인분만 남아서 점점 쇠퇴하는 교회였고, 우리 교회는 계속 성장해 가는 젊은 교회였기 때문에 노회가 현실적인 생각을 했던 것입니다. 장기적으로 봤을 때 하나님이 우리 교회에서 2,000,000불이 넘는 교회 빌딩을 선물로 주신 것입니다.

모든 것이 좋았습니다. 그런데 한 가지 문제는 교회가 위치한 주변 지역이었습니다. 한인들이 많이 사는 곳과 거리는 멀리 떨어져 있지 않았는데, 교회가 있는 지역이 멕시코 사람들과 흑인들이 주로 있는 지역이었습니다. 교회 앞 사거리를 지나는 차 중에 한인들은 거의 보기 힘들었습니다. 한인 교회, 특히 크지 않은 교회들은 사람들이 오다가다 눈에 띄어서 교회를 방문하는 경우가 많은데 지나가는 한국 분들이 한 명도 없는 것이 약점이었습니다. FPC로 들어오면서 마음에 가장 걸렸던 부분이 바로 그 부분이었습니다.

나름대로 약점을 극복하고 교회를 알리기 위해 큰 노력을 기울였는데 별로 효과를 거두지 못했습니다. 큰나무뮤직아카데미에 등록한 학생들이 거의 50명, 토요일 오전에 하는 한국학교에 등록한 학생이 거의 100명이 넘었는데도 뮤직아카데미나, 한국학교를 통해 부모님들이 교회에 등록하는 경우는 문자적으로 거의 없었습니다. 뮤직아카데미나 한글학교는 지역사회 봉사를 하는 것에는 큰 도움이 되지만 교회가 성장하는 데는 거의 도움이 되지 못했습니다.

이때 깨달은 것이 있습니다. 작은 교회가 교회를 성장시키기 위해서 특별한 프로그램들을 하는 것이 교회 성장에 별 도움이 되지 않는다는 것이었습니다(큰 교회가 한다면 좀 다를 수 있다고 생각합니다. 프로그램에 왔던 부모들이 교회의 규모나 교회가 가진 좋은 것들을 보고 등록하는 경우들이 있기 때문입니다).

FPC 건물로 들어왔는데도 3년 동안 교회는 수치상으로 많이 성장하지 못했습니다. 오히려 쇼핑몰에 있을 때보다 훨씬 더 적게 성장했습니다. 교회를 이전해서 크고 좋은 교회 건물 옮겼는데도 교회가 부흥하지 않으니 그 모든 것이 고스란히 부담으로 다가왔습니다. 위치가 안 좋아서 그런 것도 같았지만 위치가 좋지 않아서 교회가 부흥하지 못하는 것이라는 핑계는 대고 싶지 않았습니다. 모든 것이 저의 능력과 자질의 문제라고 자책하기 시작했습니다.

교회를 이전하고 저에게 또 광야가 찾아왔습니다. 예전 교회가 하우스에 있을 때는 모든 것이 부족한, 말 그대로의 광야였습니다. 제가 뭘 해도 안 된다는 것을 알았기 때문에 환경에 대해 답답함은 있었고, 그런 상황에 놓이게 하신 하나님의 뜻이 무엇인지 고민하고 갈등하는 시간이 많았습니다. 내가 가진 능력이나 자질에 대해 심각한 고민을 할 필요가 없었습니다.

그런데 FPC로 이전하고 난 뒤에 저에게 찾아온 광야는 내면의 광야였습니다. 모든 것이 다 갖추어졌는데도 기대대로 성장하지 않는 교회를 보면서 오는 답답함이 저를 짓눌렀습니다. 이것은 누구도 알 수 없었던 저만이 아는 나와의 싸움이었습니다. 왜냐하면, 교회는 겉으로 볼 때 어느 정도 규모를 갖추고 있었고, 교회 안에 활동들은 활발하게 일어나고 있었기 때문이었습니다.

목회를 더 잘하고 싶은 마음, 빠른 시일 내에 목회의 결과물을 내놓고 싶은 욕심, 하나님이 함께하셔서 대단한 역사가 일어나기를 바라는 마음에서 오는 답답함이었습니다. 이런 마음에 비해서 너무나 더디게 성장하는 모습을 보면서 저의 능력 없음을 자책했습니다. 내가 좀 더 능력이 있고 좀 더 사람들을 끌어당길 수 있는 매력이 있고, 좀 더 설교를 잘하는 사람이었다면 지금 상황과는 많이 달랐을 터라는 생각 때문에 괴로웠습니다. 목회에 대한 자신감도 많이 떨어졌고, 비전을 향해서 뭔가를 준비하는 열정도 많이 약해졌습니다.

이런 과정을 통해 저에게 근본적인 질문을 던지게 되었습니다.

내가 목회하는 진짜 이유가 무엇인가?
교회가 무엇이어야 하는가?
내가 무엇을 위해서 설교를 하고 있는가?
큰나무교회를 목회하면서 뭘 기대하고 있는가?

매일 새벽에 괴로운 마음으로 이런 질문들을 계속해서 던지다 보니 제 안에 있는 저의 진짜 마음과 직면하게 되었습니다.

비전과 하나님 나라를 위한다는 허울 좋은 명분 안에 저의 욕심이 뒤엉켜 있음을 보게 되었습니다. 막연하게 생각하는 것과 저의 욕구와 욕심을 적나라하게 직면하는 것은 너무 달랐습니다. 저도 인정하고 싶지 않은 생각들이 제 마음의 저 밑바닥에 광맥처럼 깊게 자리 잡고 있었습니다.

3년 동안 저의 내면과 싸움을 벌였습니다. 쉽게 끝날 싸움이 아니었습니다. 머리로는 다 내려놔야 한다는 것을 아는데, 인간이 가지고 있는 인정, 과시, 성공의 욕구가 쉽게 버려지지 않았습니다. 3년 동안에 했던 치열한 싸움이 제가 목회를 해나가는데 많은 도움이 되었습니다.

그렇다고 내면과 싸움이 다 끝난 것은 아닙니다. 목회하는 동안은 계속해서 싸워야 할 것 같습니다. 그런데 그때 교회가 제가 원하는 대로 성장했다면 제 안에 뒤엉켜 있던 세상의 욕구와 욕망에 대해서 제대로 정리할 시간이 없었을 것입니다. 그러다가 언젠가 숨겨졌던 것들이 분출해 나와서 저를 흔들어 놓았을지 모르겠다고 생각하면 아찔합니다. 그때 3년의 씨름이 제가 그나마 목회를 바르게 하려고 몸부림칠 수 있게 하는 큰 힘이 되었습니다.

2

마음에 중풍병이 찾아오다

우리 교회가 지나온 길을 되돌아보니까 어느 정도의 패턴이 보이기 시작했습니다. 처음 교회에 부임해서 만 2년 만에 하우스 교회로 옮겼습니다. 하우스 교회에서 3년 만에 한인 타운에 있는 쇼핑센터로 이전했습니다. 쇼핑센터에서 3년 만에 FPC 건물로 옮겼습니다. 하나님은 거의 3년에 한 번씩 우리 교회에 큰 변화를 일으키셨습니다. 모두가 우리의 예상을 뛰어넘는 일들을 통해 일하신 하나님의 기적적인 역사였습니다.

FPC 건물로 들어온 이후 2년 동안은 수치상으로는 많은 성장이 이루어지지 않았고, 나 자신과 내면의 싸움을 계속해서 싸우고 있었습니다. 3년째를 준비하면서 또다시 하나님이 교회 가운데 일으키실 큰 변화를 기대했습니다. 3년 차에 많이 성장하여서 그것을 발판으로 한 단계 도약하고 싶었습니다.

새해 특별 새벽 기도(특새)를 준비하면서 총력을 기울였습니다. 제 생각과 말에 힘이 잔뜩 들어갔습니다. 기도하고 설교할 때도 그런 마음이 그대로 표출되고 있었습니다.

새해 특새가 시작되자 정말 효과가 나타났습니다. 지금까지 우리 교회가 한 특새 중에서 가장 많은 사람이 참석했습니다. 기도하는 분위기도 아주 뜨거웠습니다. 순식간에 분위기가 확달아 올라서 정말 뭔가 대단한 일이 일어날 것 같은 분위기가 감지되었습니다. 하나님이 올해 우리 교회 속에 뭔가 큰일을 일으키실 것 같다는 기대감으로 마음이 부풀어 올랐습니다.

그런데 특새 기간 중 수요일에 일이 터져 버렸습니다. 한 해를 섬길 소그룹 리더를 세우는 과정에서 작은 오해가 생겼습니다. 처음엔 별것 아닌 문제였는데 여러 가지 상황과 몇 가지 일과 겹치면서 갈등이 심화되어 버렸습니다. 갈등의 시간을 거치면서 성도 중에 몇 분이 교회를 떠나는 안타까운 일이 일어났습니다. 그때쯤 여러 가지 사건과 이유 때문에 장년 몇 가정과 청년들을 포함해서 약 20여 명의 성도가 교회를 떠났습니다.

목회자인 저는 교회의 모든 일을 성경적이고 상식적으로 처리하려고 노력하였던 것이고, 떠난 성도들은 그렇게 하는 것이 자신들을 배려하지 않는 것이라고 서운했던 것입니다. 어느 교회나 성장 과정에서 일어날 수 있는 일이 우리 교회에도 일어났지만, 저에게는 처음으로 겪는 큰 아픔이고 시련이었습니다. 지금 와서 돌이켜 보면 제가 조금 더 성숙했으면 더 나은 방향으로 문제가 해결될 수도 있지 않았겠느냐는 후회를 하기도 합니다. 그때는 지금보다 훨씬 덜 성숙했고, 성도들을 더 넓은 마음으로 품지 못했고, 마음이 조급했던 것이 사실입니다.

20여 명의 성도가 떠나고 난 뒤에 교회 분위기가 예전과 같지 않았습니다. 한창 성장해도 모자랄 시기에 오히려 성도들이 줄었으니 당연한 일이었습니다. 예배를 드릴 때마다 뭔가 허전하고 썰렁한 느낌을 지울 수가 없었습니다. 성도들이 저를 대하는 관계의 온도도 예전보다 몇 도는 차가워진 느낌이었습니다. 마치 모든 책임이 저에게 있는 것처럼 원망의 눈빛을 보내는 것처럼 느껴졌습니다 (저만의 생각이었습니다). 목회자가 목회하다가 혼자라는 생각이 들고, 외로워지는 때가 바로 이런 때입니다.

제 마음속에 서서히 찬 바람이 불기 시작했습니다. 처음에는 상황이 이렇게 된 것에 대해서 원망하는 마음이 들었다가, 떠난 성도들이 미워지기도 했다가, 능력 없는 저를 보면서 후회하고 자책도 했다가, 새벽마다 하나님께 부르짖으면서 빨리 회복시켜 달라고 매달리기도 했습니다.

그런데 상황은 별로 나아지지 않았습니다. 방문자라도 매주 와서 등록하면 빨리 아픔을 잊을 수 있었을 텐데, 몇 주가 지나고 몇 달이 지나도 방문자는 오지 않고 가뭄에 콩 나듯이 방문자가 있어도 등록하는 성도들은 별로 없었습니다.

시간이 지나면서 교회 재정도 점점 힘들어지기 시작했습니다. 수입보다 지출이 많아졌고, 통장에 있는 잔고가 점점 줄어들었습니다. 저와 사역자들의 사례비를 삭감하면서 재정 지출을 줄여보려고 노력했는데도 재정적인 어려움은 계속되었습니다. 결국, 교회 재정을 마이너스로 돌아섰고, 매달 미국 교회에 내는 3,000불의 기여금(Contribution)도 낼 수 없게 되었습니다.

재정적인 부분을 위해서도 하나님께 기도했습니다.

"하나님, 3,000,000불짜리 수표 한 장이면 모든 것이 다 해결됩니다. 3,000,000불 수표 한 장만 보내주세요."

간절히 기도하면 보내주실 줄 알았습니다. 왜냐하면, 지금까지 하나님은 제가 기도하지도 않았는데도 필요할 때마다 외부로부터 재정을 보내주셔서 교회가 세워지도록 하셨기 때문입니다. 우리 교회는 하나님이 주시는 만나가 너무나 익숙한 교회였습니다. 그런데 이번에는 아무리 재정을 보내 달라고 기도해도 묵묵부답이었습니다.

성도는 줄었고, 분위기도 안 좋았고, 재정도 마이너스로 떨어지면서, 끝이 보이지 않는 깜깜한 터널 속으로 빠져들고 있었습니다. 동시에 제 마음은 한겨울의 땅처럼 차갑게 얼어붙어 버렸습니다. 뭔가를 기대하고 소망을 가진다는 것 자체가 무의미한 상황이 되어버렸습니다. 기도할 의지도 잃어버렸고, 기도하고 싶은 마음도 사라져버렸습니다.

새벽에 성전에 나와서 엎드렸지만 기도하는 것이 아니라 늘 지쳐서 쓰러져 있었습니다. 더 이상 좋아지지 않고 악화만 되어가는 교회의 상황을 보면서 제 마음에 어떤 희망도, 어떤 기대도 품을 수 없는 마음의 중풍병이 찾아왔습니다. 말씀을 전해도 예전처럼 가슴이 뛰지 않았고, 기도하는데도 소망이 생기지 않았습니다. 내 힘으로 뭔가를 해 보려고 하다가 KO 펀치를 한 방 맞고는 쓰러져서 일어나지도 못하는 상태가 되어버린 것입니다.

그러던 2015년 8월의 어느 날, FPC로부터 한 통의 전화를 받았습니다. 한 달 안에 교회를 비우고 나가라는 통보였습니다. 미리 상의 되지 않은 일방적인 통보였습니다.

3

하나님의 침묵이 깨지다

한 달 안에 교회를 비우고 나가라는 전화를 받은 날이 공교롭게도 휴가를 출발하는 날 아침이었습니다. 교회 상황이 어려워서 그해에는 휴가를 가질 생각도 하지 않고 있다가 장모님이 한국에서 방문하셨습니다. 장모님을 모시고 잠깐이라도 바람을 쐬러 다녀와야겠다고 생각하고 가까운 곳으로 2박 3일 일정으로 여행을 출발했습니다. 차를 타고 떠난 지 얼마 되지 않아서 그 전화를 받았습니다.

아내와 장모님이 걱정할 것 같아서 처음엔 대충 얼버무리면서 내용을 말을 하지 않았습니다. 그런데 눈치가 빠른 아내가 계속해서 캐묻는 바람에 이야기하지 않을 수 없었습니다. 이미 숙소(Cabin)를 예약해 놓은 상황이었고, 짐을 챙겨서 출발한 상태였기 때문에 여행은 일정대로 다녀오기로 했습니다. 장모님과 가족들과 함께 가는 여행을 즐겁게 다녀와야 하는데 출발할 때부터 마음을 무겁게 만들어서 죄송했습니다.

전화를 끊은 직후에 예상치 못하게 뒤통수를 세게 얻어맞은 듯 멍하니 아무런 생각이 나지 않았습니다. 시간이 좀 지나자 현실적인 걱정이 몰아닥쳤습니다.

어떻게 하지?

한 달 안에 어디로 나가지?

성도들이 받을 충격은?

앞으로 우리 교회는 어떻게 되는 거지?

순식간에 수많은 생각이 튀어나와 머릿속을 온통 뒤죽박죽으로 만들어 버렸습니다.

그런데 또 한편으로는 울고 싶은데 따귀를 실컷 두들겨 맞은 것처럼 시원했습니다. 기도해도 하나님의 응답도 없었고, 말씀을 전해도 가슴이 뛰지 않았고, 교회는 아무런 변화 없이 분위가 가라앉아 있어 답답하기만 했습니다. 그런데 갑자기 하늘이 진동하고 지진이 나서 땅바닥이 갈라지듯 엄청난 변화가 교회에 일어난 것입니다. 아무런 대비책 없이 길거리에 내동댕이쳐지듯이, 더 이상 갈 곳이 없는 벼랑 끝에 선 상황이 되어버린 것입니다.

저는 이런 상황이 된 것이 오히려 기뻤습니다. 이 상황에서는 하나님이 더 이상 침묵하실 수 없기 때문입니다. 하나님이 직접 개입하셔야 하는 상황이 제 가슴을 흥분케 만들었습니다. 마음 한편으로는 현실적인 두려움이 몰려왔다가 또 한편으로는 하나님이 일하실 것을 기대하고 설레었습니다.

휴가 기간 내내 냉탕과 열탕을 오가듯 제 머릿속은 염려와 기대가 반복되고, 제 마음은 두려움과 기대의 파도가 밀물과 썰물처럼 뒤엉키고 있었습니다.

휴가에서 돌아와서 노회와 연락을 하면서 현실적인 문제들을 해결해 나갔습니다. 노회의 중재 하에 12월까지는 나가지 않고 그대로 남아 있기로 했습니다. 그 뒤의 일은 12월에 다시 결정하기로 했습니다. 4개월 이상의 시간을 번 것입니다. 이때부터 우리 교회는 다시 한번 떠남을 생각하기 시작했습니다.

FPC가 언제 나가라고 할지 모르니 아무런 대책 없이 계속 있을 수는 없었습니다. 그런데 현실적이 상황이 너무 좋지 않았습니다. 성도들이 어느 정도 준 상태였고, 교회 재정은 마이너스로 돌아선 상태였고, 한 달의 살림을 겨우 지탱해 나가는 상황이었습니다. 새로운 교회를 구입한다는 것은 꿈도 꾸지 못하는 상황이었고, 우리 교회가 사용할 장소를 찾는다는 것도 참 어려운 상황이었습니다. 새로운 장소로 나간다는 것은 생각뿐이었지 현실상 불가능한 실정이었습니다.

이리저리 어려운 상황에서 또 하나의 문제가 발생했습니다. 우리가 속한 교단에서 동성애자 안수를 허용하고 결혼에 대한 정의를 바꾸는 것을 결의함으로 더 이상 교단에 남아 있을 수 없는 상황이 생겼습니다. 교단을 탈퇴하면서 교단에 속한 교회에 더 이상 머물 수 없기 때문에 우리 교회는 더 이상 선택의 여지 없이 미국 교회를 나와야 하는 상황이 되어버렸습니다.

그런데 위에서 설명했듯이 상황이 너무 좋지 않았습니다. 우리 스스로 건물을 살 수 있는 여력이 없었습니다. 우리 교회는 다른 미국 교회를 빌려서 사용할 수 있는 규모를 넘어 버렸습니다. 학교를 빌려서 사용해 보려고 했지만, 재정적으로나 공간을 사용하는 면에서 현실적으로 가능한 일이 아니었습니다. 어떻게든 문제를 해결하기 위해서 오후 시간에 예배를 드릴 수 있는 장소를 찾아보려고 했습니다. 주변에 있는 미국 교회를 다 찾아서 문의했지만 우리 교회가 사용하도록 장소를 빌려주는 교회는 아무 데도 없었습니다.

시간만 속절없이 흐르고 있었습니다. 나갈 곳이 준비되지 않았기 때문에 교단을 탈퇴할 것이라고 노회에 공식적으로 알리지 못했습니다. 다행히 FPC도 12월 말이 되었는데도 우리에게 나가라고 말하지 않고 있었습니다. 자연스럽게 다음 해에도 교회를 사용하는 것처럼 분위기가 흘러갔습니다.

2015년 정말 힘든 한 해를 보내고 12월 31일 송구영신 예배를 드렸습니다. 한 해를 마무리했지만 다음 해에는 어떤 일이 일어날지 불안불안 하기만 했습니다. FPC가 언제 또다시 우리에게 다 비우고 나가라고 통보할지 모르는 상황이었고, 교단을 탈퇴해야 하는 문제를 해결해야 했습니다. 폭풍전야처럼 숨죽이면서 조용히 상황을 지켜보고 있었습니다.

우리 교회는 매년 송구영신 예배를 드리면서 말씀 액자를 만들어서 각 가정에 나누어 주었습니다. 제가 기도하는 가운데 말씀을 선택해서 액자를 만듭니다. 그리고 송구영신 예배를 드릴 때 제가 각 가정에 무작위로 말씀 액자를 나누어 줍니다(성도들이 말씀을 뽑지 않습니다). 그리고 새해가 되어 심방을 할 때 각 가정에 주신 성경 말씀의 의미를 설명해 줍니다. 그 말씀을 기도 제목으로 삼아서 일 년 동안 기도하게 합니다. 신기한 것은 각 가정에 나누어준 말씀이 그 가정의 상황과 형편에 딱 맞는 말씀이라고 고백했습니다. 당연히 그 말씀을 기도 제목으로 삼아서 기도하고 응답받은 간증들이 많이 있습니다.

그런데 송구영신 예배 때 우리 가정에 주어진 말씀이 이것이었습니다.

> 또 내가 네게 이르노니 너는 베드로라 내가 이 반석 위에 내 교회를 세우리니 음부의 권세가 이기지 못하리라(마 16:18).

말씀을 받고 저와 아내는 하나님이 내년에 우리에게 교회를 주시려고 하나 보다고 서로를 보면서 웃었습니다. 마치 하나님이 이삭을 주실 것이라고 했을 때 100세의 아브라함과 구십 세의 사라가 너무 기가 막혀 웃어 버린 것처럼 말입니다(창 17:17; 18:12).

4

심장이 다시 뛰기 시작하다

　1월이 시작된 지 며칠이 지났지만, 하나님이 교회를 주실 기미가 보이지 않았습니다. 주변에 있는 미국 교회들과 연락하고 담당자를 만나보았지만 하나 같이 빌려줄 공간이 없다는 말을 들었습니다. 차를 타고 다닐 때마다 교회가 보이면 무작정 문을 두드려서 만나보았지만 별로 달라지는 것은 없었습니다. 아는 사람들을 통해 사방을 수소문해도 가능한 곳이 한 군데도 없었습니다. 머릿속은 우리 교회가 예배드릴 공간을 찾는 생각으로 가득하였습니다.

　우리 집에서 한인 마트(H마트)를 오고 가는 길에 교회가 하나 있었습니다. 위치도 너무 좋고, 규모로 봤을 때 우리 교회가 사용하기에 딱 좋은 건물이었습니다. 그 교회를 지날 때마다 저 교회 우리 교회 했으면 좋겠다는 말을 혼자 푸념처럼 내뱉었습니다. 그 교회를 판다는 이야기도 없었고 그 교회가 어떤 교회인지도 모르면서 혼자 상상의 나래를 펼친 것입니다.

　실제로 그 교회를 판다고 해도 우리 교회가 사는 것은 현실상 불가능한 일이었습니다. 그 교회 건물을 지나갈 때마다 예배드릴 공간 하나 없는 우리 교회의 상황이 너무 답답했고, 제 신세가 처량하게 느껴졌습니다.

　새해 특별 새벽 기도를 하는데도 전처럼 신이 나지 않았습니다. 뭔가 기대할 것이 있어야 힘을 내기도 하고, 성도들을 독려할 텐데 완전히 힘이 빠진 상태에서 특별 새벽 기도를 마쳤습니다 (아마 성도들은 몰랐을 것입니다. 겉으로는 전혀 그런 티를 내지 않았기 때문입니다). 그렇게 2016년 1월이 다 지나가고 있었습니다. 여전히 예배할 공간을 찾는 문제와 교단을 탈퇴하는 문제들은 해결될 기미가 보이지 않았습니다. 이러다가 2016년 한 해도 아무런 변화도 없이 그냥 훌쩍 지나가 버릴 것 같은 불안이 찾아왔습니다.

　한 달이 지난 2월 2일 댈러스(Dallas)에서 차로 3시간 30분 정도 걸리는 오스틴(Austin)에서 목회자 모임 임원 회의가 있어서 참석하기 위해서 출발했습니다. 댈러스에서 함께 임원으로 섬기는 목사님 두 분을 모시고 가는 길이었습니다. 그중에 한 분이 저에게 이렇게 이야기했습니다.

　"김 목사님 교회 찾고 있지 않나?

　어떤 교회가 교회를 판다고 하던데⋯."

　교회를 판다는 말에 살 여력이 없었던 우리 교회와는 관계없는 일이라고 생각하고 그냥 무심하게 대꾸했습니다.

　"저희는 교회 건물을 살 형편이 못 됩니다.

　그런데 어느 교회를 파는데요?"

　TVC(Trinity Valley Church)라는 교회 이름을 듣는 순간 제 귀가 번쩍 뜨였습니다. TVC는 제가 마트를 오고 가면서 우리 교회가 되었으면 좋겠다고 혼자 속으로 생각했던 바로 그 교회였기 때문이었습니다. 교회 건물 앞에 교회를 판다는 사인도 없었고, 부동산 시장에 매물로도 나와 있지 않은 상태였습니다. 말하자면 아직 공개적으로는 알려지지 않은 내부정보를 저에게 알려준 셈입니다. 그 순간 이건 하나님이 뭔가 일하고 계신다는 느낌을 지울 수 없었습니다.

다음 날 새벽 기도 시간을 손꼽아 기다렸습니다. 하나님은 늘 우리 교회와 제 개인의 중요한 일을 새벽에 말씀으로 인도해 주셨기 때문이었습니다. 새벽 기도를 하면서 TVC에 대한 하나님의 인도하심을 구했습니다. 그때 하나님이 저에게 주신 말씀이 신명기 15:6-8 말씀이었습니다. 말씀을 확인하기 위해서 성경을 펼쳤습니다.

> 네 하나님 여호와께서 네게 허락하신 대로 네게 복을 주시리니 네가 여러 나라에 꾸어 줄지라도 너는 꾸지 아니하겠고 네가 여러 나라를 통치할지라도 너는 통치를 당하지 아니하리라 네 하나님 여호와께서 네게 주신 땅 어느 성읍에서든지 가난한 형제가 너와 함께 거주하거든 그 가난한 형제에게 네 마음을 완악하게 하지 말며 네 손을 움켜쥐지 말고 반드시 네 손을 그에게 펴서 그에게 필요한 대로 쓸 것을 넉넉히 꾸어주라 (신 15:6-8).

평범한 말씀이라고 생각할 수 있지만, "네 하나님 여호와께서 네게 허락하신 대로 네게 복을 주시리니"라는 문구를 읽는 순간 제 눈을 의심했습니다.

'하나님이 정말 교회를 주려고 하시나?'

가슴이 쿵쾅쿵쾅 뛰기 시작했습니다. 일 년 동안 중풍병에 걸린 것처럼 어떤 일에도 뛰지 않던 가슴이었습니다. 그런데 하나님이 주신 말씀을 읽는 순간 저 스스로 주체할 수 없이 미친 듯이 뛰기 시작했습니다. 현재 우리 교회 성도들의 숫자와 재정으로는 교회 건물을 사는 것은 꿈도 꿀 수 없는 상황이라는 것을 뻔히 알면서도 제 마음의 흥분은 가라앉지 않았습니다.

새벽 기도가 끝나고 난 뒤부터 TVC가 어떤 교회인지 알아보기 위해서 인터넷에 검색하기 시작했습니다. 그 교회 담임목사님을 만나기 위해 연락할 방법을 열심히 찾았습니다. 그 과정에서 알게 된 사실은 TVC의 소유권(Ownership)이 다른 교회에 있다는 것이었습니다. TVC는 몇 년 전에 교인들이 줄어서 문을 닫았고, TRC(The Ridge Church)와 합병을 해서, 현재는 TRC가 소유권을 가지고 있었습니다. 다행히 TRC 담임목사님인 제리 워덤(Jerry Witham)목사님과 연락이 닿았고, 다음 날인 목요일 아침 8시에 스타벅스(Starbucks)에서 만나기로 했습니다.

목요일 새벽 기도 때 제리 목사님과 만남을 위해서 기도하면서 하나님의 뜻을 구했습니다. 그때 하나님이 주신 말씀이 사도행전 9:6 말씀이었습니다.

> 너는 일어나 시내로 들어가라 네가 행할 것을 네게 이를 자가 있느니라 하시니 (행 9:6).

하나님이 어찌 이리 딱 맞는 말씀을 주시는지 가슴이 너무 벅차올랐습니다. 아무것도 이루어진 것이 없었지만 말씀으로 보여 주시는 것만으로도 너무 신이 나고 기대가 되었습니다.

　새벽 기도를 마치고 난 뒤 기대하는 마음으로 스타벅스로 차를 몰았습니다. 문을 열고 들어서니 담임목사님인 제리 목사님과 행정을 담당하고 있던 이사벨 메디나(Ysavel Medina) 목사님이 앉아 있었습니다.

5

하나님이 일하시기 시작하다

스타벅스에 미리 와서 기다리고 있던 제리 목사님, 이사벨 목사님과 반갑게 인사를 나누었습니다. 그분들을 만나기까지 있었던 일들을 나누었습니다. 송구영신 예배 때 하나님이 교회를 주시겠다고 말씀을 주신 부분, 마트를 오가면서 TVC 건물을 보면서 혼자 했던 생각들, 세미나를 가면서 교회를 판다고 들었던 이야기들 그리고 새벽에 기도하면서 받은 말씀까지 자세히 나누었습니다.

알고 보니 TRC가 교회를 팔기로 공식적으로 결정한 것이 지난 주일이었습니다. 그런데 외부에 공개적으로 알리지 않았는데 3일 뒤인 수요일에 저로부터 연락이 왔을 때 조금은 놀랐다고 말을 했습니다. 제 이야기를 다 들은 제리 목사님이 자신이 생각할 때 이 모든 과정에서 하나님이 개입하고 계시는 것 같다고 말을 했습니다.

그 말이 끝나기가 무섭게 교회 건물을 우리 교회가 살 수 있게 해 달라고 말을 했습니다. 그런데 제리 목사님이 난처한 표정을 지으면서 '미안하다'고 말을 했습니다. 교회가 운영위원회의를 거쳐서 TVC 건물을 교회에 팔지 않고 상업 빌딩(Commercial building)으로 팔기로 했다고 말했습니다. TVC 건물은 처음에 의료용 건물(Medical Office building)로 지어졌는데 나중에 교회로 개조했던 것입니다. 그래서 교회로 파는 것보다 상업 빌딩(Commercial building)으로 파는 것이 훨씬 더 비싸게 팔 수 있어서 그렇게 결정했던 것입니다.

이미 상업 부동산(Commercial Realtor) 네 곳에 연락해서 가장 비싸게 팔아 주기로 하는 부동산과 계약을 맺기로 했습니다. 13일 뒤 수요일(2월 17일)에 운영위원회를 열어 네 개 부동산 중에 가장 높은 가격을 제시하는 부동산에 매매를 맡기는 결정을 하기로 한 것입니다. 그러면서 저희에게도 구매 제안서(Offer)를 넣어 보라고 했습니다. 우리가 넣은 구매 제안서는 공식 안건으로는 다루지 않겠지만, 네 개 부동산에서 들어온 제안서를 검토할 때 비공식적인 안건으로 내놓긴 하겠다고 했습니다. 부동산들에서 제시할 예상 가격은 낮게는 2,500,000불에서 많게는 3,000,000불 정도 될 거라는 것도 알려주었습니다.

그러면서 혹시나 모르니까 만약 교회를 산다면 언제 살 수 있겠느냐고 물었습니다. 사실 이 질문에 대한 가장 정직하고 현실적인 대답은 우리 교회는 빌딩을 살 여력이 안 된다는 것이었습니다. 우리 교회는 그때뿐만 아니라 5년이나 10년이 지나도 그 정도의 가격 교회 건물을 살 여력이 안 되는 교회였습니다. 이때 하나님이 지혜를 주신 것이 '임대 후 구입'(Lease to Purchase) 옵션이었습니다.

일단 계약을 하고 건물로 들어가서 1년 동안 렌트비를 내고 있다가 1년 후에 교회를 사는 것입니다. 1년이 지난다고 우리 교회가 그 건물을 살 능력이 생기지 않는다는 것도 너무 잘 알았습니다. 그런데도 일단 계약을 하고 TVC 건물로 들어가는 것이 중요했습니다. 그리고 1년이라는 시간을 벌어 놓으면 그사이에 하나님이 어떤 일을 이루실지 아무도 모르기 때문입니다.

제리 목사님이 왜 1년이라는 시간이 필요하냐고 의아해하면서 물었습니다. 동성애 문제로 교단을 탈퇴하는 시간이 필요하다고 설명했습니다. 우리가 속했던 미국장로교단은 교회의 모든 부동산이 교단 재산으로 등록이 되어있습니다. 교단을 탈퇴하면 부동산인 교회 건물을 두고 나와야 합니다. 만약 우리 교회가 교단을 탈퇴하기 전에 교회를 사면 교단을 나올 때 건물을 가지고 나올 수가 없었습니다. 그 당시 교단을 탈퇴하는 과정이 약 1년 정도 걸리기 때문에 1년 뒤에 살 수 있다고 말을 했습니다.

당장 교회 건물을 팔려고 하는 TRC 입장에서는 1년 동안 기다리면서 우리 교회에 건물을 팔 이유가 없었습니다. 우리 교회가 TVC 건물을 사게 될 가능성은 거의 없었다고 보면 됩니다.

이야기가 대충 마무리될 즈음에 제가 교회 빌딩 내부를 좀 보여 달라고 했습니다. 담임목사님인 제리 목사님은 떠나고, 행정 목사님인 이사벨 목사님이 저를 데리고 가서 교회 내부를 보여 주었습니다. 교회 내부를 보니까 우리 교회로 사용했으면 좋겠다는 생각이 너무 강하게 일어났습니다. 예배실, 사무실, 유스(청소년) 예배실, 어린이 예배실, 휄로쉽(사역) 홀, 수많은 교실을 둘러 보는 내내 주체할 수 없이 가슴이 쿵쿵 뛰었습니다. 살 능력도 안 되고, 우리에게 팔겠다고 한 것도 아닌데 저 혼자 그곳에서 예배하는 상상으로 감격했던 것입니다.

이사벨 목사님이 교회를 보여 주면서 교회를 팔게 된 경위를 친절히 설명해 주었습니다. 원래는 교회 빌딩이 TVC 건물이었는데 교회가 성장하지 못해서 자기 교회인 TRC와 합치게 되었다고 했습니다. 그 과정에서 TVC 담임목사님이었던 분을 TRC 부목사님으로 받아주고, 교회 건물의 소유권은 TRC로 넘겼던 것입니다.

교회가 합쳐지면서 빈 TVC 빌딩은 여러 교회와 기독교 단체, 사회 단체들에 렌트를 주고 있었습니다. TVC 건물에 세를 들어 있었던 단체는 7개였습니다. 브라질 교회, 히스패닉 교회, 한국 교회 2개, 인도 교회, 보이스카우트, 전도 단체가 시간과 공간을 나누어 세를 살고 있었습니다. 그러던 중 TRC가 교육관이 필요한 상황이 되어서 TVC 빌딩을 팔아서 그 돈으로 교육관을 건축하기로 했던 것입니다.

TVC 건물 안에 세를 들어 사는 7개 교회와 단체 이야기를 듣는 순간 제 귀가 번쩍 뜨였습니다. 새벽에 기도할 때 하나님이 주셨던 신명기 말씀이 생각이 났습니다.

> 네 하나님 여호와께서 네게 허락하신 대로 네게 복을 주시리니 네가 여러 나라에 꾸어 줄지라도 너는 꾸지 아니하겠고 네가 여러 나라를 통치할지라도 너는 통치를 당하지 아니하리라 네 하나님 여호와께서 네게 주신 땅 어느 성읍에서든지 가난한 형제가 너와 함께 거주하거든 그 가난한 형제에게 네 마음을 완악하게 하지 말며 네 손을 움켜쥐지 말고 반드시 네 손을 그에게 펴서 그에게 필요한 대로 쓸 것을 넉넉히 꾸어주라 (신 15:6-8).

"네게 허락하신 대로 네게 복을 주시리니"라는 구절을 읽으면서 '하나님이 TVC 빌딩을 허락하시겠구나'라고 생각했습니다.

"네가 여러 나라에 꾸어 줄지라도 너는 꾸지 아니하겠고"라는 말씀에서 이번에 교회 구매는 다른 데서 도움을 받는 것이 아니라 우리 성도들의 힘으로 하게 하시겠다고 생각했습니다.

그런데 마지막 부분이 무슨 말인지 이해가 되지 않았습니다.

> 네게 주신 땅 어느 성읍에서든지 가난한 형제가 너와 함께 거주하거든 그 가난한 형제에게 네 마음을 완악하게 하지 말며 네 손을 움켜쥐지 말고 반드시 네 손을 그에게 펴서 그에게 필요한 대로 쓸 것을 넉넉히 꾸어주라(신 15:7-8).

그런데 TVC에 세를 들어 사는 7개 교회 단체 이야기를 듣는 순간 의문이 풀렸습니다. 7개 단체가 모두 어려운 가운데 세를 살고 있었습니다. 하나님이 TVC 교회를 우리에게 주시면 세를 들어 사는 7개 교회와 단체를 쫓아내지 말고 형제처럼 돌보라는 이야기였던 것입니다. 그래서 그 자리에서 하나님께 기도했습니다.

> 하나님이 TVC 건물을 우리에게 주시면 지금 세를 들어 있는 교회와 단체들을 스스로 나간다고 할 때까지는 우리가 불편하다고 나가라고 하지 않고 형제처럼 돌보겠습니다.

TVC 건물을 보고 온 뒤부터 하나님이 이 건물을 어떤 방법으로 우리에게 주실지 더 궁금해지기 시작했습니다.

제6부
약속의 말씀 하나 붙들고 끝까지 간다

1. 얼마면 됩니까?
2. 여리고 프로젝트
3. 아직도 넘어야 할 산이 많이 남았다
4. 목사님, 8,000불이에요
5. 가슴을 아프게 하는 결정
6. 약속을 이루신 하나님

1

얼마면 됩니까?

　TVC 건물을 보고 온 뒤에 하나님이 저에게 주신 마음이 있었습니다. 매일 교회로 출근하기 전에 TVC 건물로 먼저 출근하는 것이었습니다. 차를 타고 운전대에 손을 얹고 출발하면서 기도했습니다.
　"하나님 저는 지금 집에서 우리 교회로 가는 길입니다."
　또한, 퇴근할 때는 바로 집으로 가지 않고 TVC 건물에 들러서 기도하고 집으로 갔습니다. TVC 주차장에서 집으로 가면서 운전대를 잡고 또 기도했습니다.
　"하나님, 지금 저는 우리 교회에서 집으로 가는 길입니다."
　이것은 소위 말하는 땅 밟기 기도는 아니었습니다. 이미 하나님이 말씀으로 약속을 해 주셨기 때문에 약속을 확인하러 간 것입니다.
　우리 교회 운영위원들과 TRC 목사님들을 만난 이야기를 나누고, 구매를 위한 제안서(Offer)를 넣기로 했습니다. 우리 교회가 제안한 구매 가격이 1,600,000불이었습니다. 지불할 능력이 있어서 그 가격에 제안을 넣은 것이 아니었습니다. 낮출 수 있을 만큼 최대한 낮추어서 넣은 숫자였습니다. 제안서를 넣고 3일 뒤에 TRC 행정 목사님인 이사벨 목사님으로부터 전화가 왔습니다.

"김 목사님, 너무한 것 아닙니까?"

이사벨 목사님이 첫마디를 꺼냈습니다.

우리가 넣은 금액이 터무니없이 낮은 가격이어서 자기가 회의에 내놓기도 민망하다는 것이었습니다. 다른 부동산에서는 2,500,000에서 3,000,000불을 제시하는데, 1,600,000불을 구매가격으로 내놓으면 고려 자체를 할 수 없다고 했습니다. 우리가 너무 막무가내로 나간 것이었습니다.

제가 이사벨 목사님께 물었습니다.

"그럼 얼마면 됩니까?"

적어도 2,000,000불에 제안서를 넣으면 고려해 볼 수는 있다는 답변이었습니다. 알았다고 하고 2,000,000불로 제안서를 변경해서 보냈습니다. 우리에게는 사실 1,600,000불이나 2,000,000불이나 별다를 것이 없었습니다. 현실적으로 만들 수 없는 숫자에 불과했기 때문이었습니다. 그래도 일단 제안서가 받아들여져야 그다음 것을 생각할 수 있으니까 2,000,000불에 제안서를 제출했습니다.

우리 교회 운영위원들과 기도하면서 결과를 기다렸습니다. 13일이 지나고 난 뒤에 연락이 왔습니다. TVC 건물을 우리 교회에 1년 '임대 후 구입' 계약으로 팔기로 했다는 것입니다. 그것도 우리가 넣은 2,000,000불에서 1,000,000불을 깎아서 1,900,000불에 팔겠다는 것이었습니다.

할렐루야!

이건 하나님이 일하신다는 첫 번째 사인이었습니다.

기쁜 소식을 접하고 난 뒤 우리 교회가 공동의회를 열었습니다. 안건은 두 가지였습니다.

첫째, 교단을 탈퇴하는 것이었습니다.
둘째, TVC 건물을 사는 것이었습니다.

교단을 탈퇴하는 안건이 98퍼센트의 찬성으로 통과되었습니다. 교단 탈퇴를 결정하면 지금 예배를 드리고 있는 FPC에서 나가야 한다는 것을 성도들이 다 알고 있었습니다. 지금 당장 우리 교회가 갈 곳이 없다는 것을 성도들이 다 알고 있었습니다(TVC 건물을 사기 위해 가진 만남을 성도들은 모르고 있었습니다). 그런데도 성도들이 한마음이 되어서 결정을 했습니다. 한 성도가 말했습니다.

"목사님 갈 곳이 없으면 잔디밭에 앉아서라도 예배를 드립시다."

교단을 탈퇴하는 첫 번째 안건이 통과되고 난 뒤에 성도들의 얼굴에는 의문과 염려의 표정들이 역력했습니다.

"이제 우리 교회는 어디로 가지?"

옆에 있는 사람들과 그런 이야기를 나누면서 수군수군하는 소리가 들렸습니다. 그때 교회 앞 스크린에 주소 하나가 비쳤습니다.

3114 Old Denton Rd. Carrollton TX 75007.

아무런 설명도 없이 주소 하나 띄웠을 뿐인데 성도들은 손뼉을 치면서 환호성을 질렀습니다. 이후에 TVC 건물 사진을 한 장씩 보여 주면서, 송구영신 예배 때 받은 말씀부터 TRC 목사님들과 만나서 나눈 이야기와 1,900,000에 구매 제안이 받아들여진 이야기를 성도들에게 나누었습니다.

1,900,000불에 TVC 건물을 사는 결정을 하는 투표를 진행했습니다. 결과는 98퍼센트의 찬성으로 통과되었습니다. 그 당시는 우리 교회 청년/장년을 합쳐서 출석 인원이 70명이 좀 넘을 때였습니다. 청년과 장년 비율이 60대 40으로 청년들이 더 많은 숫자였습니다. 교회 재정은 마이너스를 기록하고 있었습니다. 이런 상황에서 1,900,000불짜리 건물을 구입하기로 한다는 것은 현실에 맞지 않는 이야기였습니다. 그런데 이런 상황에서 교회 건물을 사자고 하는 담임목사나 그 이야기에 환호성을 지르고 98퍼센트 찬성하는 성도들이나 정상이 아닌 것은 분명했습니다.

우리 교회가 이런 결정을 내릴 수 있었던 것은 지나온 시간 동안 하나님이 우리 교회 속에서 어떻게 기적적으로 일하셨는지 성도들이 보았기 때문입니다. 아무것도 없는 상황에서 하나님이 이루시겠다고 말씀으로 약속하시고 실제로 그것을 하나님의 방법으로 이루시는 것을 모든 성도가 보아 왔습니다. 그래서 하나님이 하신다고 하면 정말 이루실 것을 믿었습니다. 아무리 어려운 일도 하나님이 약속하시고, 하나님이 이루신다고 말하면 그것을 진짜 믿었습니다.

이것은 맹신이 아니라 약속에 근거한 믿음입니다. 하나님을 알기 때문에 믿는 것입니다. 이것이 우리 교회가 가지고 있는 가장 큰 힘이었습니다.

공동의회가 끝나고 난 뒤 TRC가 정식으로 계약을 하자고 연락이 왔습니다. 5일 뒤 2월 26일에 TVC 건물에서 만나서 계약서에 사인하기로 했습니다. 사인하러 올 때 교회가 건물을 구입할 능력이 있다는 것을 증명하는 은행 서류(Bank Statement)를 가지고 오라고 했습니다.

아뿔싸!

큰일이 난 것입니다. 미국은 '임대 후 구입' 계약을 할 때도 건물을 사는 것에 준하는 정도로 계약을 합니다. 반드시 살 수 있는 재정적인 여력이 있는지를 증명해야 합니다. 구매 금액의 30퍼센트 이상의 보증금(Down Payments)이 있어야 하고, 교회 재정이 매달 대출금(Mortage Payments)을 상환할 수 있는 능력을 증명해야 합니다. 그래서 재정 서류를 가지고 오라고 한 것입니다.

우리 교회의 은행 서류를 보여 주는 순간 그 계약은 그 자리에서 깨어질 것이 불 보듯 뻔한 일이었습니다.

누가 재정이 마이너스에다가 보증금도 준비되지 않고, 매달 대출금 상환(Mortage Payments)을 할 능력도 없는 교회와 매매 계약을 하겠습니까?

이미 교회 공동의회에서 구입하기로 했고, 교단을 탈퇴하는 것까지 결정한 상황에서 계약하지 못하면 우리 교회는 그야말로 대참사를 겪게 될 상황이었습니다.

시간은 점점 흘러가는데 대책이 없었습니다. 이것은 우리가 대책을 세운다고 될 수 있는 문제도 아니었습니다. 기도하면서 하나님의 손에 맡겨 놓는 것밖에는 우리가 할 수 있는 일이 하나도 없었습니다. 단 하나 위안이 되었던 것은 여기서 계약이 깨지게 하려면 하나님이 여기까지 인도해 오지도 않았을 것이라는 생각이었습니다.

2

여리고 프로젝트

계약서를 작성하는 날은 다가오는데 은행 서류(Bank Statement) 문제를 해결할 방법은 어디에도 없었습니다. 그냥 우리 교회 재정 상황을 솔직하게 이야기하고, 1년 동안 최대한 준비해서 구입하도록 노력하겠다는 말을 전하기로 했습니다. 그다음 상황은 하나님의 손에 맡겨 놓는 것 외에 달리 할 수 있는 것은 없었습니다.

계약서를 작성하는 날 아침, 은행 서류 없이 빈손으로 계약서를 작성하기로 한 장소로 출발했습니다. 차에 내려서 TVC 건물로 들어서는데 발길이 떨어지지 않았습니다. 물론 하나님께 다 맡기고 기도했지만 이제 곧 마주칠 현실과 직면하기가 쉽지 않았습니다. TRC 행정 목사님인 이사벨 목사님과 반갑게 인사를 나누었습니다. 인사를 하고 난 이사벨 목사님의 다음 말이 이것이었습니다.

"바로 계약서에 사인합시다."

우리 교회의 재정 상황에 관해서 묻지도 않았고, 은행 서류(Bank Statement)를 보여 달라고도 하지 않았습니다. 과장 없이 만난 지 5분이 채 되기 전에 계약서에 사인이 다 끝났습니다. 이사벨 목사님은 다음 약속이 있다고 인사하고 그 자리를 떠났습니다.

저는 사인 된 계약서를 붙들고 그 자리에서 한동안 멍하니 서 있었습니다. 하나님이 일하시니까 이렇게 싱겁게 끝날 것을 왜 이리 걱정하고 염려했는지 웃음이 났습니다. 차를 타고 TVC를 출발하면서 기도했습니다.

"하나님이 이제 진짜 우리 교회에서 집으로 가는 길입니다."

가슴 깊은 곳에서 뜨거운 것이 올라와 목이 메고 눈에는 감격의 눈물이 흘렀습니다.

계약을 끝내고부터는 바빠지기 시작했습니다. '여리고 프로젝트'를 가동했습니다. 여리고 프로젝트는 짧게는 5월 1일에 TVC 건물로 이사 들어가는 준비를 하는 것이고, 길게는 1년 뒤에 구매 계약을 할 준비를 하는 프로젝트였습니다. TVC 건물 벽에 "Coming Soon 큰나무교회"라는 배너를 내걸고 입주할 때까지 교회 내부 청소와 최소한의 리모델링 작업을 했습니다. 하나님께서 주신 성전으로 들어가는 기쁨이 너무 커서 성도들이 모두 즐거운 마음으로 수고했습니다. 그런데 1년 뒤에 성전을 사야 하는 일은 우리에게는 여리고 성 만큼이나 크고 견고하게만 보였습니다. 그래서 프로젝트 이름을 '여리고 프로젝트'라고 붙였습니다.

1년 뒤에 교회를 사기 위해서는 540,000불의 현금을 준비해야 했습니다. 그런데 교회 상황으로 봤을 때는 어디에서도 그런 큰돈이 나올 가능성이 없었습니다.

> 네 하나님 여호와께서 네게 허락하신 대로 네게 복을 주시리니 네가 여러 나라에 꾸어 줄지라도 너는 꾸지 아니하겠고 네가 여러 나라를 통치할지라도 너는 통치를 당하지 아니하리라 (신 15:6).

이 말씀을 통해 우리 성도들을 통해 하나님이 이루시겠다는 말씀을 약속으로 붙잡았는데, 어떻게 그것이 이루어질지 그림이 그려지지 않았습니다.

제가 목회를 시작하고 난 뒤 10년 만에 처음으로 '작정 헌금'이라는 것을 해봤습니다. 이름을 '나무 심기 헌금'이라고 정했습니다. 나무 심기 헌금 팸플릿을 만들어서 나누어 주면서 집에 가져가서 기도해 보고 마음에 감동이 되는 대로 적어서 헌금함에 넣어 달라고 했습니다. 모든 것을 비공개로 하는 것을 원칙으로 했습니다. 헌금한 사람들의 이름을 공개하지도 않았고, 누가 얼마나 작정했는지 성도들은 아무도 모르게 했습니다. 작정서를 모두 받아 보니 150,000불이었습니다. 작정 금액이 150,000불이니까 실제로 들어오는 헌금은 그것보다 더 적을 것이라고 예상했습니다.

우리의 목표 금액 540,000불에 비하면 턱없이 부족한 금액이었습니다. 총 작정 금액만 성도들에게 공개했습니다. 성도들이 보기에도 너무 작았는지 실망하고 걱정하는 분들이 많았습니다. 그런데 저는 그 숫자를 보고 감사했습니다.

'우리 성도들이 어려운 중에도 열심히 했구나!

교회를 사랑하는구나!'

성도들의 마음이 느껴졌습니다. 제가 우리 성도들에게 너무 기대를 안 해서 그런지 150,000불도 많이 작정했다는 마음이었습니다.

1년이 지난 다음 결산을 했습니다. 나무 심기 헌금으로 모인 금액이 280,000불이었습니다. 작정한 금액의 거의 두 배에 가까운 헌금이 들어왔습니다. 1년 동안 하나님이 두 배로 뻥튀기를 해 주신 것입니다.

첫째, 우리 성도들이 열심히 헌금을 했습니다.

둘째, 외부로부터 알지 못하는 분들에게서 온 헌금도 있습니다.

셋째, 우리 교회 성도가 아닌데, 자기 교회로 예배드리러 가는 길에 우리 교회에 들러서 헌금만 내고 가신 분들도 있습니다. 어떻게 알았는지 참 다양한 방법으로 하나님이 일하셨습니다.

약속한 1년이 지나고 구입하기로 약속한 날짜가 다가왔습니다. 우리가 최선을 다했지만 280,000불 밖에 모으지 못했습니다. 이 금액은 은행 융자를 받기 위한 최소한의 보증금(Down payment)의 절반에도 미치지 못하는 돈이었습니다. 주어진 1년 시간 동안 정말 열심히 노력했지만 우리는 실패한 것입니다.

우리는 실패했지만, 하나님이 실패하신 것은 아니었습니다. 하나님이 주시겠다고 약속했으니 하나님이 일하시길 기다리는 방법 밖엔 없었습니다. 우리가 해야 할 일은 해야 하니까 성전구매위원회를 조직했습니다. 부동산 투자 회사를 경영하는 집사님을 팀장으로 해서 팀을 꾸렸습니다.

첫 미팅에서 팀장 집사님이 건물을 사는 과정을 설명하고, 구매에 필요한 최소한의 조건을 설명했습니다.

첫째, 상업 건물을 사기 위해서는 최소한 총금액의 30퍼센트의 보증금을 지불할 현금이 필요합니다.

둘째, 매달 빌린 돈에 대한 이자와 원금(Monthly Mortgage Payment)을 갚아 나갈 돈이 있어야 합니다.

셋째, 우리 교회의 지난 3년간의 재정 상황이 이자와 원금을 갚을 능력이 있다는 것을 3년간의 은행 서류로 증명해야 합니다.

이 모든 것을 증명할 수 있어야 은행에서 대출을 받을 수 있습니다. 그런데 우리는 이 세 가지 중에 하나도 충족하는 것이 없었습니다. 첫 모임부터 물맷돌 하나 손에 들고 완전히 무장한 거인 골리앗 앞에 선 다윗처럼 막막하기만 했습니다.

3

아직도 넘어야 할 산이 많이 남았다

건물 구매 과정을 다 설명한 집사님이 부동산 전문가로서 의견을 내놓았습니다.

"현재 상황에서 우리 교회가 가진 능력으로는 은행 대출을 받을 수 있는 확률이 제로입니다."

그 한 마디는 그 자리에 모여 있던 모든 사람에게 판사가 내리는 사형 선고로 들렸습니다. 팀장 집사님이 말을 이어갔습니다.

지금까지는 전문가로서 저의 현실적인 판단을 말한 것입니다. 그런데 저는 이 문제를 놓고 정말 기도를 많이 했습니다. 답답하기도 하고, 두렵기도 했습니다. 그리고 결론을 내렸습니다. 이 문제는 다른 방법으로는 안 되고 정공법으로 나가야 합니다.

제가 정공법이 무엇이냐고 물었습니다.

"기도하고 무작정 부딪혀 보는 것입니다."

집사님의 대답이 정말 간결하고 명쾌했습니다. 그리고 난 뒤 전문가로서의 전략을 이야기했습니다. 판매자 대출(Seller Financing)

을 받는 방법이었습니다. 판매자(Seller)가 건물 전체 가격에서 일정 부분의 돈을 3년 뒤에 받겠다고 약속해 주면, 은행에서는 그것을 우리의 보증금 액수로 인정해 주는 은행이 있다고 했습니다. 물론 두 가지 조건이 동시에 충족되어야 했습니다.

첫째, 판매자인 TRC가 285,000불을 3년 뒤에 받겠다고 약속해 줘야 합니다.

둘째, 은행에서 그것을 우리의 보증금으로 인정해 줘야 합니다.

둘 다 쉽지 않은 일이었습니다. 이미 건물 가격의 상당 부분을 양보하고 1,900,000불에 팔기로 한 TRC에게 또다시 285,000불을 3년 뒤에 갚게 해달라고 요청하는 것을 쉬운 일이 아니었습니다. 그리고 그것을 우리의 보증금으로 인정해 주면서 대출을 승인해 주는 은행을 찾기는 더 힘든 일이었습니다.

전문가인 집사님은 은행에서 먼저 대출 사전 승인 편지(Pre-Approval letter)를 받아야 한다고 했습니다. 은행에서 승인을 받기 전에 판매자에게 먼저 이야기하면 부담을 느끼고, 은행에서도 승인해 줄지 미지수니까 우리의 제안을 쉽게 거절할 수 있다고 말했습니다. 역시 전문가는 달랐습니다. 은행에 판매자가 판매자 대출을 해 주기로 약속했다고 하고 대출을 해 줄 수 있는지를 문의하기로 했습니다. 사전 승인 편지를 먼저 받고 난 뒤에 은행에서 준 서류를 보여 주면서 TRC에게 판매자 대출을 요청하기로 했습니다.

우리 교회가 가진 재정 상황에서 미국 주류 은행들에는 서류도 내지 못하는 상황이었습니다. 소규모 은행인 한국과 아시아계 은행을 알아보기로 했습니다. 찾아보니 미주에 12개의 은행이 있었습니다. 성전 구매 위원들이 2~3개의 은행을 맡아서 팀장 집사님이 만들어준 서류를 가지고 방문하기로 했습니다. 저도 한 은행을 맡아서 방문했습니다. 결과는 참패였습니다. 12개 은행 중에 단 한 곳도 우리에게 대출해 주겠다고 하지 않았습니다. 결과는 어느 정도 예상을 했지만, 예상이 현실이 되고 보니 암담했습니다.

며칠 뒤에 제가 방문했던 은행의 대출 담당자로부터 전화가 왔습니다.

> 목사님, 저는 개인적으로는 큰나무교회에 대출을 너무 해 주고 싶은데 본사에서 허락해 주지 않아서 어쩔 수가 없었습니다. 정말 죄송합니다.
> 혹시 제 남편이 근무하는 미국 은행에 큰나무교회 대출 서류를 보내봐도 되겠습니까?

깜깜한 암흑 속에서 한 줄기의 작은 빛이 비치는 느낌이었습니다. 며칠 뒤에 그 은행으로부터 한번 만났으면 좋겠다고 연락이 왔습니다.

이 은행은 텍사스은행(Texas Republic Bank)이었습니다. 대출 담당자와 만나면서 하나님의 세밀한 인도하심을 느꼈습니다. 텍사스은행의 은행장님 아버지가 한국 전쟁에 참전하신 분이셨습니다. 그리고 교회 대출을 전문적으로 담당하는 은행이었습니다. 특히 우리 교회가 있는 댈러스에 본사를 두고, 한두 개의 지점(Branch)을 가지고 있는 작은 규모의 지역 은행(Community Bank)이었습니다.

보통 은행들은 재정 서류만 보고 대출을 결정하는데, 이 은행은 규모가 작고, 이웃에 있는 지역 은행이기에 교회를 직접 와 보고, 미래에 성장할 가능성이 있으면 그것을 고려해서 재정 상황이 조금 미흡하더라도 대출을 해 주는 은행이었습니다. 한인들 중심 지역으로 이전해서 한참 성장해 가고 있는 우리 교회와 너무 잘 맞는 은행이었습니다.

처음 만난 이후에 대출 담당자에게서 연락이 왔습니다. 은행 이사회에서 대출을 결정해 줄지 모르지만 기대를 하고 대출 절차를 밟아 보자는 것이었습니다. 그런데 은행에서 정해 놓은 대출 조건의 기준에 미치지 못하면 은행 이사회에서 아무리 대출을 해 주고 싶어도 못하게 됩니다. 은행이 금융 사기를 치지 못하도록 나라에서 법적으로 규제를 해 놓은 것입니다.

이때부터 은행이 우리 교회 대출을 위해서 발 벗고 나섰습니다. 우리 교회가 대출을 받는 자격 조건을 충족시키기 위해서 은행이 모든 노력을 다했습니다. 대출을 할 수 없는 문제가 나타나면 은행이 그것을 해결할 방법을 알려주었습니다. 대출을 받는 사람보다 대출을 해 주려고 하는 은행이 더 열심이었습니다.

은행의 헌신적인 노력으로 대출을 해 줄 수 있다는 사전 승인 편지를 받았습니다. 대출을 위한 첫 번째 고비를 넘긴 것입니다. 이제 TRC를 만나서 판매자 대출을 요청하는 일이 남아있었습니다. 이사벨 목사님에게 전화해서 구매 계약을 위한 사전 만남을 가지자고 했습니다.

2017년 4월 26일 수요일에 TRC의 담임목사님인 제리 목사님, 행정 목사님인 이사벨 목사님 그리고 우리 교회에서는 저와 팀장 집사님, 이렇게 4명이 한자리에 모였습니다.

   은행에서 받은 사전 승인 편지를 내밀면서 285,000불 판매자 대출을 부탁했습니다. 우리 이야기를 듣고는 두 분이 깜짝 놀랐습니다. 이분들은 1년 전에 우리 교회가 이미 교회를 살 돈을 다 가지고 있은 줄 생각하고 임대 후 구입 계약을 맺었던 것입니다. 그런데 이제 와서 판매자 대출을 해달라고하니까 너무 당황한 것입니다.

   두 분의 표정이 좋지 않았습니다. 1년 전에 계약할 때 우리 재정 상황을 말하려고 했는데 묻지를 않아서 말하지 않았다고 말을 했습니다. 그리고 왜 그때 은행 서류를 가지고 오라고 해놓고 왜 확인하는지도 묻지도 않았느냐고 물어보았습니다. 우리 교회가 어떤 교회인지 알고 싶어서 교회 웹사이트를 확인해 보았는데 선교하는 사진들과 교회 활동하는 사진들을 보면서 활기가 넘치고 선교하는 교회로 보여서 확인하지 않아도 되겠다고 생각했다는 것입니다.

   알고 보니 TRC는 교회 건물을 무리하게 확장하고 대출금을 갚지 못해서 부도(Bankrupt)를 경험한 적이 있었습니다. 우리 교회의 모습이 자기들 옛날 모습을 보는 것 같아서 너무 걱정된다고 이야기했습니다. 돌려서 이야기하긴 했지만, 우리에게 건물 사는 것을 포기하라는 말이었습니다. 그러면서 일주일 뒤 5월 3일 수요일 저녁에 자기들 교회 운영위원회 회의를 하고 난 뒤에 판매자 대출을 해 줄지 결과를 통보해 주겠다고 말을 했습니다. 미팅은 끝내 무거운 분위기의 대화로 끝을 맺고 말았습니다.

4

목사님, 8,000불이에요

TRC와 만남 이후 마음이 불안해졌습니다. 하나님이 말씀으로 약속해 주신 일이지만 눈에 보이는 상황들은 최악으로만 치닫고 있었습니다. 기다리는 일주일의 시간이 너무 답답했고, 일이 제대로 손에 잡히지 않았습니다.

주일 예배를 드리고 난 뒤에야 정신을 차렸습니다. 수요일 저녁에 결정하기로 했으니 성도들에게 알려서 화요일과 수요일 새벽 기도(우리 교회는 새벽 기도를 화요일에서 금요일까지 합니다) 때 특별 기도를 해야겠다고 생각하고, 나올 수 있는 분들은 모두 새벽 기도에 나와달라고 부탁했습니다

저에게는 또 하나의 고민이 있었습니다. 우리 교회가 은행 대출을 받기 위해서는 TRC로부터 판매자 대출을 받고도 8,000불이 부족한 상황이었습니다. 우리 성도들이 이미 힘에 넘치도록 헌금한 상태였기 때문에 8,000불의 돈이 들어올 가능성이 없어 보였습니다. 8,000불이 부족한 것은 성도들에게 알리지 않았고, 판매자 대출만을 위해 성도들에게 기도 부탁을 했습니다.

화요일 아침 새벽 기도를 인도하기 위해서 새벽 일찍 교회로 가서 목양실에 앉아서 준비하고 있었습니다. 새벽 기도 시작 10분 전에 누군가가 목양실 문을 노크했습니다. 새벽 기도 전에 제 방문을 노크하는 경우는 한 번도 없었습니다.

노크 소리를 듣는 순간 이런 생각이 강하게 들었습니다.

'아, 하나님이 8,000불을 보내셨구나!'

문을 열어 보니 권사님 한 분이 제게 흰 봉투를 내미셨습니다.

"목사님, 8,000불이에요. 하나님이 헌금하라는 마음을 주셔서 월요일에 은행에 가서 현금으로 찾아 두었다가 지금 들고 온 거예요."

교회를 사랑하시는 권사님의 마음이 전해져서 눈시울이 뜨거워졌습니다. 그리고 세밀하고 정확하게 일하시는 하나님을 보고 또 한 번 놀랐습니다.

8,000불의 헌금은 하나님의 사인이었습니다. TRC가 어떻게 결정할지 가슴 졸이면서 기다릴 필요가 없어졌습니다. 8,000불을 미리 주신 하나님이시면 TRC가 판매자 대출을 하도록 이미 결론을 내려놓으신 것입니다. 하나님이 결정하시면 아무도 막을 수 없다는 것을 다시 한번 느꼈습니다. 화요일 저녁에 TRC로부터 메일 한 통이 왔습니다. 메일을 열기 전 이런 생각이 들었습니다.

'판매자 대출을 허락해 주는 내용이겠구나.'

메일을 열어 보니 역시나 그 내용이었습니다. 수요일 밤에나 결정해서 알려준다고 했던 분들이 화요일 저녁에 허락하는 메일을 보낸 것입니다. 하나님의 일하심은 놀라웠습니다.

교회가 한인들이 가장 많이 모여 있는 중심지로 옮겼기 때문에 새가족들이 오기 시작하면서 성도들의 숫자도 늘어났고, 교회 분위기도 좋아졌습니다. 한인 사회 속에서 큰나무교회가 좋은 이미지로 자리매김하면서 교회가 조금씩 성장하고 안정되었습니다. 우리 교회가 아무것도 없는 상황에서 이전한 지 1년 만에 교회를 산다는 것도 한인 사회 가운데 좋은 이슈가 되었습니다.

판매자 대출을 해 주겠다는 TRC의 편지를 은행에 제출하면서 본격적인 대출 준비에 들어갔습니다. 대출을 받는 조건을 충족하기 위해서 여러 가지 작은 문제가 발생했지만, 은행과 잘 조율을 해서 순조롭게 진행하고 있었습니다. 모든 것이 순풍에 돛을 단 듯이 순조롭게 진행되었습니다.

2017년 6월 28일, 우리가 그렇게 기다리던 대출 결정이 났습니다. 텍사스은행 이사회에서 우리 교회 대출 안이 통과되었다는 연락을 받았습니다. 롤러코스터를 탄 것과 같은 지난 일 년의 과정을 되돌아보니 정말 감격의 눈물이 났습니다. 하나님이 신명기 말씀을 통해 약속하신 그대로 이루신 것입니다.

이사회 결정이 나고 난 뒤에 은행에서 실제로 대출이 이루어지기 위해서는 두 단계가 남아 있었습니다.

첫째, 환경오염 조사입니다. 교회 주변의 땅을 조사해서 땅이 오염되었는지 확인하는 것입니다. 땅이 오염되어 있으면 땅에 오염을 제거하기 전까지는 은행에서 대출이 이루어지지 않습니다.

둘째, 우리가 사려고 하는 교회 건물의 가격을 평가하는 것(Appraisal)입니다. 교회 건물의 가치(Market Value)가 구입 가격인 1,900,000불 이상이 되어야 건물을 담보로 은행에서 대출해 주게 됩니다.

보통의 경우 이 두 가지는 대출을 받기 위해 통상적으로 거치는 절차에 불과합니다.

우리가 조금 걱정했던 것은 환경 오염 조사였습니다. 왜냐하면, 교회 바로 옆에 주유소가 있어서 혹시나 기름이 땅에 유출되어서 땅이 오염되지 않았는가 걱정을 했습니다. 그런데 환경오염 조사 결과 땅은 깨끗한 것으로 판명되었습니다. 교회 건물 가치를 평가하는 것은 걱정할 것이 없었습니다. 시에서 텍스를 부과하기 위해 평가한 교회 건물 가치(Tax Value)가 2,000,000불을 이미 넘었기 때문입니다. 교회 건물의 시장 가치(Market Value)는 그것보다 훨씬 높은 것은 상식적인 일이었습니다.

환경오염 조사에 문제가 없다는 이야기를 듣고, 이제 모든 것이 다 끝났다고 생각했습니다. 안심하고 미루어 두었던 여름 휴가를 가족들과 함께 떠났습니다. 휴가 마지막 날을 보내면서 집으로 돌아오는 중간에 호텔에서 팀장 집사님으로부터 전화를 받았습니다. 다급한 목소리였습니다.

> 목사님, 교회 건물 평가액이 1,650,000불 밖에 나오지 않아서 대출을 받기 어렵게 되었습니다. 은행에서 이대로는 대출이 불가능하다는 연락이 왔습니다.

다 끝난 줄 알았는데 예기치 못한 폭탄이 또 터져버린 것입니다.

저는 그 전화를 받고 처음에는 머리가 멍해졌습니다. 호텔 방에 앉아서 조용히 생각하고 기도하는데 하나님이 뭔가 하나의 일을 또 준비하고 계신다는 생각이 들었습니다. 한편으로는 두렵고,

한편으로는 하나님이 하실 일이 궁금해졌습니다. 팀장 집사님과 다시 통화하면서 이건 분명히 하나님이 뭔가 하실 일이 있으신 것 같으니까 같이 기도하면서 기다려 보자고 했습니다.

5

가슴을 아프게 하는 결정

휴가에서 돌아온 직후 상황을 파악하기 시작했습니다. 은행 관계자에게 전화를 걸어서 건물 가치가 어떻게 이렇게 낮게 나올 수 있는지를 물었습니다. 시에서 텍스를 부과하기 위해 산출한 가치도 2,000,000불이 넘는데, 시장 가치가 그것보다 훨씬 낮은 1,650,000불이 나온다는 것은 누가 봐도 말이 안 되는 이야기였습니다.

우리뿐만 아니라 은행 관계자들도 다 놀라서 황당해하고 있었습니다. 은행에서 건물 가치를 다시 파악해서 조정할 수 있는지 물어보았습니다. 그런데 은행은 건물의 가치를 평가하는 데 관여할 수 없도록 법적인 장치가 되어 있었습니다.

은행은 건물을 담보로 대출을 해 주기 위해서 평가사를 고용해서 평가를 요청합니다. 평가사는 독립적으로 일하는 사람(Independent Contractor)이기 때문에 평가사가 건물의 가치를 산출할 때 은행에서 영향력을 미칠 수 없게 되어 있습니다. 평가사가 하나의 건물에 대해서 평가를 하면 그것은 바꿀 수 없는 공식 자료가 됩니다. 우리 건물의 평가를 담당했던 사람이 사고를 쳤던 것입니다.

부동산 투자 회사를 운영하는 집사님이 평가사에게 어떤 기준을 가지고 건물 가치를 평가했는지 자료를 요청했습니다. 자료를 받아 본 우리는 너무 황당해서 말을 잃어버렸습니다. 우리 교회는 댈러스에서 가장 발전한 지역이면서도 동시에 지역적으로도 중심지에 있었습니다. 어느 지역보다 땅값이 높았고, 계속해서 땅값이 올라가는 지역에 있었습니다.

그런데 평가사가 우리 교회 건물의 가치를 평가할 때 댈러스 외곽의 낙후된 동네의 교회를 기준으로 삼았습니다. 외곽의 낙후된 지역에 있는 교회를 기준으로 우리 교회의 건물 크기를 비교해서 가치를 매긴 것입니다. 당연히 터무니없이 가치가 낮게 평가될 수밖에 없었습니다. 우리 지역에 있는 교회들과 비교했더라도 2,000,000불보다는 훨씬 더 높은 나왔을 것입니다. 그리고 우리 교회 건물은 상업 지역에 있었기 때문에 교회로 평가하지 않고, 상업 건물로 평가했다면 훨씬 더 높은 가격으로 평가되었을 것입니다.

팀장 집사님이 이런 사실들을 말하고, 집사님 회사가 보유하고 있는 교회 주변 건물들의 평가 자료까지 보내주면서 재평가를 요청했습니다. 그런데 이 평가사가 고집이 장난이 아니었습니다. 자기가 평가한 평가액이 맞기 때문에 자기는 재평가를 할 수 없다고 단호하게 말했습니다.

이 상황이 너무 황당하긴 했지만, 평가사가 고집을 부리고 있는 상황에서는 어쩔 도리가 없었습니다. 은행은 우리 상황을 안타까워하긴 했지만, 은행도 우리에게 해 줄 수 있는 일은 없었습니다. 고스란히 우리가 감당해야 할 몫이었습니다.

건물의 가치가 1,650,000불로 책정되었기 때문에 은행은 우리가 요청한 금액만큼을 대출해 줄 수 없다고 했습니다. 그럼 우리 교회가 건물을 사는 것은 불가능해집니다. 방법은 건물의 주인인 TRC가 건물의 가격을 1,900,000불에서 1,650,000불로 낮추어 주거나, 우리에게 차액인 250,000불 더 판매자 대출을 해 주는 방법밖에 없었습니다. 그런데 우리는 이미 285,000불 판매자 대출을 받았기 때문에 더는 우리가 매달 갚아 나가는데 부담이 되었습니다.

이런 상황을 TRC에 알렸습니다. 당황한 TRC가 급하게 우리와 약속을 잡고 7월 29일 토요일 오전 10시에 만났습니다. 이번에는 TRC에서 이사벨 목사님과 매매를 담당하고 있던 장로님이 함께 왔습니다. 우리 교회에서는 팀장 집사님과 제가 함께 만났습니다. 이번 만남은 정말 분위기가 험악했습니다. 이사벨 목사님과 장로님이 화가 많이 나 있었습니다.

선택할 수 있는 경우의 수는 세 가지였습니다.

첫째, TRC에서 건물 가격을 1,900,000불에서 1,650,000불로 깎아주는 것입니다.
둘째, TRC에서 우리 교회에 250,000불 더 판매자 대출을 해 주는 것입니다.
셋째, 매매 계약을 파기하는 것입니다.

이것 중에 TRC가 선택할 수 있는 가장 쉬운 방법은 매매 계약을 파기하는 세 번째 안을 선택하는 것입니다.

TRC는 세 번째 안을 선택해도 손해날 것이 하나도 없었습니다. 매매 계약을 파기하면 2,500,000불에서 3,000,000불에 건물을 팔 수 있는 오히려 기회가 생기는 것입니다. 반면에 우리 교회는 첫 번째 안인 250,000불을 깎아 주는 것밖에는 다른 선택이 없었습니다. 그런데 우리는 더 이상 어떤 것도 요청할 수 없는 상황이었습니다. 이미 건물 가격을 500,000불 이상 깎아주었고, 285,000불의 판매자 대출을 받은 상황에서 또다시 250,000불을 깎아 달라고 하는 것은 너무 무리한 요구였습니다.

대화가 한 시간 정도 이어졌습니다. 주로 TRC 목사님과 장로님이 말씀하시고, 우리는 듣고 있었습니다.

"어떻게 이런 말도 안 되는 상황이 생길 수 있나?"

이런 이야기를 되풀이하셨습니다. 우리는 미안해서 어떤 말도 제대로 할 수 없었습니다. 우리도 상황이 이렇게 된 것이 너무 마음이 아프고 고통스럽다는 말밖에 할 수 없었습니다. 자연히 대화의 분위기는 무겁고, 부정적인 방향으로 흘렀습니다. 대화가 좋지 않은 쪽으로 결론이 날 것만 같았습니다. 이분들의 마지막 말이 제 가슴에 비수같이 꽂혔습니다.

"우리는 가슴 아픈 결정을 내려야 할지도 모릅니다"(We are afraid that we might make a heartbreaking decision).

저는 그 말이 이렇게 들렸습니다.

"계약을 깰 수밖에 없다. 미안하다."

교회에 돌아가서 상의해 보고 최종 결정을 알려주겠다고 말하고는 회의가 끝나버렸습니다. 언제 운영위원회가 모일지, 언제 결과를 알려줄지 아무런 언급도 없이 헤어졌습니다.

6

약속을 이루신 하나님

TRC 관계자분들이 돌아가고 난 뒤에 머리가 멍해지고, 일이 손에 잡히지 않았습니다. 설교 준비를 하려고 해도 성경이 머리에 들어오지 않고 공중으로 다 흩날려 버렸습니다. 마음이 불안하고 답답해서 가만히 앉아 있을 수가 없었습니다. 어떻게 될지 모르는 상황에서 무작정 기다려야 하는 것이 너무 괴로웠습니다. 일주일이 걸릴지, 한 달이 걸리는지 모르는 시간을 사형 선고를 기다리는 죄수처럼 지내야 한다고 생각하니 피가 마르는 느낌이었습니다.

조금 전에 했던 대화들을 되짚어 보니 후회가 밀려왔습니다.

"제발 계약만은 파기하지 말아 달라고 왜 간곡하게 부탁하지 않았을까?

왜 우리 사정을 이야기하고 적극적으로 도움을 요청하지 않았을까?"

후회가 물밀 듯이 몰려왔습니다. 그날은 정말 대화를 하는데 이상하리만치 제 입에서 한 마디도 나오지 않았습니다. 머릿속에는 무슨 말을 해야 할지 아무런 생각이 나지 않았고, 제 입은 꿀 먹은 벙어리같이 떨어지지 않았습니다.

설교 준비는 진전이 없이 손으로 핸드폰만 들었다 놓기를 반복했습니다. 지금이라도 전화를 걸어서 계약 파기만은 하지 말아 달라고 간곡하게 부탁해야 할 것만 같았습니다. 가슴에 요동치는 두려움의 감정과 머리에서 일어나는 염려의 회오리 때문에 안절부절못하고 있는데, 순간 이런 생각이 들었습니다.

'내가 뭐 하고 있나, 기도해야지!'

모든 것을 멈추고 책상에 앉아서 기도하면서 하나님의 인도하심을 구했습니다. 감사하게도 하나님은 두 가지 말씀을 주셨습니다.

첫째, 하나님이 저의 두려움을 해소해 주시는 말씀이었습니다.

> 그들이 떠났으나 하나님이 그 사면 고을들로 크게 두려워하게 하셨으므로 야곱의 아들들을 추격하는 자가 없었더라 (창 35:5).

야곱이 딸 디나의 강간 사건 이후에 벧엘로 올라가는 길이었습니다. 하나님은 세겜 족속의 보복을 두려워하면서 벧엘로 올라가는 야곱을 세겜 사람들로부터 온전히 보호해 주셨습니다.

이 말씀을 받고 난 뒤에 마음에 안정감이 찾아왔습니다.

"아, 내가 두려워하지 않아도 되는구나!"

둘째, 하나님이 저에게 확신을 주시는 말씀이었습니다.

> 이처럼 좋은 나무마다 아름다운 열매를 맺고 못된 나무가 나쁜 열매를 맺나니 좋은 나무가 나쁜 열매를 맺을 수 없고 못된 나무가 아름다운 열매를 맺을 수 없느니라 (마 7:17-18).

이 말씀을 받는 순간 제가 전화해야 할 필요가 없다고 생각했습니다. TRC를 하나님이 사용하시려면 제가 전화하지 않아도 우리의 제안을 받아들일 것이고, 하나님이 사용하지 않을 것이라면 제가 전화해도 소용이 없을 것이라고 확신이 왔습니다. 전화기에서 손을 떼고 모든 것을 하나님 손에 맡겨버렸습니다.

그때부터 마음속에 요동치는 회오리와 머리를 다 뒤죽박죽 만들던 염려들이 다 사라지고, 마음이 차분해지면서 안정감이 들기 시작했습니다. 마음에 하나님이 주시는 평안함과 확신이 있으니까 설교 준비는 더 집중되고, 영감이 마구 터져 나왔습니다.

설교 준비를 하면서 말씀의 은혜 속에 젖어 있는데 전화기 벨이 울렸습니다. 통화를 끝내고 전화기를 내려놓는 제 손이 떨렸습니다. 가슴은 주체하지 못할 정도로 뛰고 있었고 눈에는 눈물이 흐르기 시작했습니다. TRC가 250,000불을 깎아서 1,650,000불에 건물을 팔기로 했다는 결정을 전해 주었습니다. 오전 미팅이 끝나고 딱 2시간 후에 걸려온 전화였습니다.

다음 날 주일 예배는 축제였습니다. 교회 구매를 위한 길고 험난한 그리고 한 치 앞도 예측할 수 없던 여정이 하나님의 승리로 끝났습니다. 교회 재정이 마이너스일 때, 교회 구매를 위한 자금이 1달러도 없을 때 시가 2,500,000~3,000,000불 되는 건물을 보여 주시기 시작해서 1,650,000불에 살 때까지 일 년 반이 걸렸습니다.

신명기 15:6-8의 약속의 말씀 하나 붙들고 달려온 여정이었습니다. 하나님은 약속한 말씀을 한 치의 오차도 없이 이루셨고, 우리는 그 하나님의 인도하심을 따라서 사막을 지나고 강을 건너고 여리고 성을 돌아 마침내 약속의 땅에 이르렀습니다.

제7부
그 이후 그리고 못다 한 이야기

1. 나무는 가꾸어야 한다
2. 천 번을 흔들려야 굳게 선다
3. 존재할 가치가 있는 교회를 꿈꾸다
4. 꿈으로 보여 주신다고요?
5. 불임 부부의 노래
6. 설교의 위기와 극복
7. 요셉의 구덩이에 던져지다

1

나무는 가꾸어야 한다

우리 교회가 교회 건물을 사는 과정은 보통 교회들과는 완전히 달랐습니다. 보통 교회들은 성도들이 많아져서 부족한 공간 문제를 해결하기 위해서 성전을 건축하거나, 탄탄한 재정을 바탕으로 새로운 비전을 이루기 위해서 건물을 짓습니다. 그런데 우리 교회가 교회 건물을 샀던 시점에 성도들이 평소보다 줄어 있었습니다. 재정적인 적자를 면치 못하고 있었습니다. 설상가상으로 예배를 드리고 있던 미국 교회에서 나가야 하는 상황에 내몰렸습니다. 그때 저를 포함한 우리 성도 중에 건물을 살 수 있다고 생각한 사람은 아무도 없었습니다.

그런데 하나님의 생각은 우리의 생각과 달라도 너무 달랐습니다. 성전 구매를 위해서 1불도 준비되지 않았던 때 우리 교회는 갑작스럽게 2,000,000불짜리 건물을 계약하게 되었습니다. 이것은 하나님이 이루신 기적이라고밖에 설명할 길이 없었습니다.

1년 동안은 매달 2,500불을 렌트비로 내고 있다가, 1년 뒤에는 은행을 통해 대출(Loan)을 받아서 건물을 구입하기로 했습니다. 막상 계약하고 이사를 했지만 제 마음이 편칠 않았습니다. 해결해야 할 돈 문제가 부담되었기 때문이었습니다. 당장 매달 2,500불의 렌트비를 마련하는 일도 쉽지는 않았습니다. 그런데 일 년 안에 은행의 융자를 받기 위한 보증금을 준비하는 것은 거의 불가능에 도전하는 일이었습니다.

가장 쉽게 생각할 수 있었던 것은 새로운 성도들이 많이 와서 자동으로 교회 재정이 늘어나는 것이었습니다. 교회를 새로 샀으니 그럴 수도 있을 것 같다는 기대감이 있었습니다. 그런데 현실은 녹록지 않았습니다. 처음 2년 동안은 성도들의 숫자가 거의 늘어나지 않았습니다. 사람들이 우리 교회가 건물을 사는 것을 보고 놀라긴 했지만, '언제까지 버틸 수 있는지 한번 보자'라는 마음으로 지켜보고 있었다는 것을 나중에 사람들의 말을 통해 알게 되었습니다.

"큰나무교회가 새로운 교회 건물을 샀대!

아니야, 아직 완전히 산 것은 아니래."

구입한 뒤에는 또 이런 이야기들을 했다고 합니다.

"큰나무교회가 교회를 사긴 했지만 매달 지불해야 하는 원금과 이자(Payment)를 감당할 수 있는지 지켜봐야 해!"

이런 이야기들은 교회로 오고 싶어 하는 사람들의 발걸음을 주저하게 했습니다.

새로운 교회 건물로 들어가고 난 뒤 1년 동안은 새가족들이 거의 오지 않았고, 기존에 있는 성도들이 교회를 지탱해 나갔습니다. 그런데 신기한 것은 기존의 성도들을 통해 충분한 재정이 채워지는 일이 일어났습니다. 교회가 어려울 때는 오히려 성도들이 위축되더니, 하나님의 역사하심이 보이니까 교회를 섬기고 세우는 일에 스스로 힘을 내었습니다. 가라앉는 배를 위해서는 투자를 하지 않지만 힘차게 물살을 헤치고 나가는 배를 위해서는 과감하게 투자하는 모습을 보인 것입니다. 성도들이 교회를 사랑해서 어려움을 이겨가는 모습이 감동이었습니다. 하나님의 일하심도 놀라웠습니다.

1년 만에 교회를 구입할 보증금을 만들고, 계약하는 모든 과정은 기적이었습니다. 그런데 교회의 구매 계약을 마치고 난 뒤에 또다시 부담감이 몰려왔습니다. 렌트비를 내기도 쉽지 않았는데, 구매 계약을 하고 난 뒤부터는 은행 융자를 갚기 위해 기존 렌트비에다 5,000불을 더 내야 했습니다. 말이 한 달에 5,000불이지 이건 쉽지 않은 일이었습니다. 지금 교회 살림이 빠듯하게 돌아가는데 5,000불을 더 내야 하는 것은 어려운 일이었습니다. 성도들이 교회를 사기 위해서 힘을 다해서 헌금한 이후이기 때문에 더 이상 무엇을 한다는 것이 부담이었습니다.

고민하면서 기도하는데, 저의 고민을 알기라도 하듯이 운영위원 중에 한 분이 이야기했습니다.

"목사님, 한 달에 5,000불을 더 내는 것은 쉬운 일입니다."

그분의 말은 고구마를 잔뜩 먹은 것처럼 답답하던 가슴에 사이다 한 잔을 들이켜는 것 같은 시원함을 주었습니다.

"목사님, 한 사람이 한 달에 50불만 내면 됩니다. 100명이 한 달에 50불만 내면 쉽게 해결됩니다."

이야기를 들어보니 한 사람이 교회를 세우기 위해서 50불을 내는 것은 그리 어려운 일이 아닐 것 같았습니다.

헌금 이름을 '나무 가꾸기 헌금'이라고 정했습니다. 우리가 큰 나무교회라는 나무를 심었습니다. 나무를 심었다면 잘 자라도록 가꾸는 것이 당연한 일이었습니다. 나무를 가꾸는 일에 동참해 달라고 부탁하고 자발적으로 참여하게 했습니다. 헌금 작성서를 받아보니 우리 교회가 필요했던 약 5,000불이 모였습니다. 어떤 분은 50불, 어떤 분은 더 많이 해서 필요한 5,000불이 모였습니다. 큰 짐처럼 무겁게만 느껴졌던 것이 나누어지니까 새털처럼 가벼워졌습니다.

시작할 때 성도들에게 광고했습니다.

"이 헌금은 딱 1년 동안만 하겠습니다."

성도들이 교회를 세운다는 마음으로 즐겁게 동참했습니다. 새로 오신 분들도 '나무 가꾸기 헌금'이 있다는 것을 알고 기쁜 마음으로 동참했습니다. 1년이 지나면서 하나님이 복을 주셔서 교회의 재정도 늘어났습니다. 1년이 지난 시점에 교회 앞에 광고했습니다.

> 여러분에게 약속한 대로 1년이 지났습니다. 하나님이 우리 교회에 넘치도록 복을 주셨습니다. 더 이상 나무 가꾸기 헌금을 하지 않아도 넉넉하게 되었습니다. 오늘부로 나무 가꾸기 헌금을 공식적으로 종료하겠습니다.

이런 광고를 성도들이 너무 좋아했습니다. 헌금을 더 내라고 하는 교회는 있어도, 헌금을 그만 내라는 교회는 흔치 않기 때문입니다.

이 일을 겪으면서 이스라엘 백성들이 광야에서 성막을 지을 때 가져온 예물이 너무 많아서 멈추게 했던 일이 생각났습니다.

> 모세가 명령을 내리매 그들이 진중에 공포하여 이르되 남녀를 막론하고 성소에 드릴 예물을 다시 만들지 말라 하매 백성이 가져오기를 그치니 있는 재료가 모든 일을 하기에 넉넉하여 남음이 있었더라(출 36:6-7).

역시 교회는 그냥 세워지지 않았습니다. 성도들이 사랑과 기도로 교회를 가꾸어야 교회는 세워집니다. 오늘도 우리 교회가 존재하는 이유는 성도들이 사랑과 헌신으로 교회를 가꾸고 있기 때문입니다. 하나님은 기적적으로 교회를 세우십니다. 그런데 그 기적 안에는 짐을 나누어서 지는 성도들의 사랑과 헌신이 포함되어 있습니다.

2

천 번을 흔들려야 굳게 선다

『천 번을 흔들려야 어른이 된다』

서울대 김난도 교수가 쓴 책 제목입니다. 인생에서 청년기는 방황의 시기입니다. 가진 것도 없고, 이룬 것도 없고, 불투명한 미래에 대한 불안으로 늘 마음 한쪽이 답답합니다. 넘치는 에너지를 어디에다 쏟을지 몰라 방황합니다. 그러다가 예기치 않게 인생의 큰 풍랑을 만나기도 합니다. 한순간 한순간이 모두 힘겨운 싸움입니다. 어려워도 이 시기를 잘 견뎌야 건강한 어른으로 성장합니다. 이 과정을 거치지 않고 바로 어른이 된 사람들은 아무도 없습니다.

한 교회가 개척되어서 건강하게 세워지는 과정은 한 사람이 어른이 되는 과정보다 훨씬 더 복잡하고 변수가 많습니다. 건물이 있고, 사람이 많이 모였다고 저절로 교회가 건강하게 세워지는 것이 아닙니다. 교회 안에 모인 사람들이 만들어 내는 다양하고 복잡한 문제를 잘 다루고 처리해야 합니다. 교회는 사람들이 모여서 세워지기도 하지만, 사람들 때문에 무너지기도 합니다. 기존에 잘 세워져 있는 교회는 안정적인 시스템이 갖추어졌기 때문에 몇 사람에 의해서 크게 요동치지 않습니다. 그런데 새롭게 세워지는 교회는 사람들 때문에 모든 것이 심각한 영향을 받는 구조로 되어 있습니다.

교회가 한인들이 모여 있는 중심 지역으로 옮겨 오면서 사람들의 관심의 대상이 되었습니다. 교회가 사람들이 출퇴근하고, 한인 마켓을 오가는 길에 있었기에 쉽게 눈에 띄었습니다. 교회가 사람들에게 알려지자 새가족이 조금씩 찾아오기 시작했습니다. 교회가 가장 기쁜 순간은 누가 뭐래도 새가족이 교회를 찾아오는 것입니다. 새가족이 교회를 방문하는 주일에는 마치 새로운 아기가 태어난 것처럼 기뻤습니다. 더 많은 새가족이 와서 교회가 안정되고 건강하게 성장하길 바랐습니다.

그런데 우리의 기대와는 다르게 교회에 오는 분들은 이름은 새가족인데 속이 새롭지만은 않았습니다. 새로 오시는 분 중에 다른 주에서 오거나, 한국에서 오신 분들이 찾아오는 경우는 드물었습니다. 외부에서 이사 오신 분들은 대부분 이름 있는 교회나, 큰 교회를 찾아서 갔습니다. 어쩌면 그것이 당연할 것입니다. 이름이 있고 큰 교회는 어떤 의미에서 검증된 교회이기 때문에 상대적으로 안전하다고 생각이 들기 때문입니다. 그리고 자녀들의 교육이나 폭넓은 관계를 위해서도 큰 교회가 더 유리한 것이 사실입니다.

자연히 초기에 우리 교회를 오신 분들은 같은 지역에서 오래 사신 분들이었습니다. 다른 교회를 다니고 계시거나, 교회를 쉬고 계셨던 분들이었습니다. 다니던 교회에 만족이 없는 차에 새로운 교회가 등장하자 새롭게 시작해 보려고 오시는 분들이 있었습니다. 여러 교회를 옮겨 다녀도 정착하지 못하다가 우리 교회를 찾아오는 경우도 있었습니다.

　교회를 자기가 원하는 교회로 만들고 싶은 포부를 가지고 오시는 분도 있었습니다. 기존의 교회에서는 자기의 생각을 수용해 주지 않으니까 우리 교회로 와서 그것을 실현해 보고 싶어 했습니다. 이런 다양한 생각을 하는 사람들이 새가족이라는 이름으로 교회에 왔습니다. 이런 분들이 교회에 오면서 교회는 한바탕 홍역을 앓았습니다. 순수하게 신앙생활을 하려고 오신 분들은 예배를 통해 은혜를 받고 신앙생활을 열심히 하는데, 이런 분들은 매주 문제와 말거리를 만들어 내어 교회를 혼란스럽게 했습니다.

　이런 분들의 공통적인 특징은 목회자에 대해서 아주 호의적으로 보이는 말과 행동을 한다는 것입니다. 동시에 기존의 있는 성도들에 대해서는 깎아내리고 경쟁을 하려고 합니다. 이때부터 목회자를 중간에 두고 새로운 성도들과 기존에 있는 성도들과 불안한 사랑싸움이 벌어지기 시작합니다. 새로운 성도들은 목회자가 기존에 있는 성도들 편만 든다고 불만을 이야기했습니다. 새로운 성도들이 잘 정착할 수 있게 마음을 쓰고 챙기면 기존에 있는 성도들이 목사님은 새로운 사람들만 좋아한다고 불평을 했습니다.

　이때 가장 많이 들었던 말은 '목사님이 변했다'는 이야기였습니다. 마치 아기가 태어나면 형이 아기에게 빼앗긴 부모의 사랑을 질투하듯 기존의 성도들도 목회자의 관심이 새로운 성도들에게로 옮겨가는 것에 대한 불만을 쏟아낸 것입니다.

　제 속마음을 다 뒤집어서 보여 줄 수도 없고 답답하기만 했습니다. 성도들은 성도들대로 불안하고, 목회자는 진심을 몰라주는 성도들에게 서운해지기도 했습니다. 함께 힘을 모아서 교회를 세워가도 부족할 시간에 말도 안 되는 감정 싸움에 빠져 있는 것이 답답하기만 했습니다. 이런 상황이 생기면 어떤 말로도 문제가 해결되지 않습니다. 그냥 기도하면서 버텨가는 방법밖엔 없었습니다.

이런 과정에서 수많은 이별을 경험했습니다. 서운해서 떠난다고 이별을 통보하는 사람들, 자기를 몰라줘서 떠난다는 사람들, 교회가 사랑이 없어서 떠난다고 하는 사람들, 목사님을 위해서 뼈를 묻으려고 했는데 실망해서 떠난다고 하는 사람들, 떠나는 이유도 참 다양하고 아팠습니다. 그중에 10년을 넘게 마음을 주고 신뢰를 했던 사람들이 떠날 때는 정말 괴로웠습니다.

소용돌이 가운데 한 가닥 마음을 잡은 부분이 있었습니다. 그래도 오랫동안 함께 고생한 성도들이 귀하다는 것입니다. 처음 와서 온갖 미사어구를 동원해서 말을 하는 사람들보다는 아무 말 없이 오랜 시간을 같이 견뎌온 사람들이 귀한 것입니다. 이런 과정에서 저도 많이 힘들었지만, 성도들도 힘들었습니다. 폭풍우가 지나고 나서 장로님들, 권사님들과 집사님들에게 잘 견뎠다고 격려를 해주었습니다. 정말 잘 견뎌낸 것입니다. 저는 목회자로 고통 중에 그 시간을 지나온 것이고, 성도들은 성도의 자리에서 그 고통을 버티고 견뎌낸 것입니다.

이런 일을 겪으면서 느꼈던 교훈들이 있습니다.

첫째, 결국은 남은 자가 승리한다는 것입니다.

서운할 수도 있고, 흔들릴 수도 있고, 잠시 오해할 수도 있지만, 마지막까지 참고 남는 자가 승리합니다. 참고 견뎌야 중간에 받았던 상처들도 아물고, 그 과정에서 폭풍을 만나게 하신 하나님의 깊은 뜻도 헤아리게 됩니다. 함께 견뎌낸 성도들이 고맙고 대견했습니다.

둘째, 아쉬움입니다.

제가 좀 더 성숙했다면 좀 더 많은 사람을 품을 수 있지 않았냐는 아쉬움이 남습니다. 사람이 모인 곳에 오해와 갈등이 없을 순 없지만 이런 생각이 떠나지 않았습니다.

'그때 지도자가 포용력이 더 크면 좀 더 많은 사람을 믿음으로 세울 수 있지 않았을까?'

셋째, 우리 교회가 하나님의 손에서 정결케 되는 과정이었다는 것입니다.

교회가 건강하게 세워지기 위해서 하나님의 시험대를 거친 것 같았습니다. 3~4년간 끊임없이 태풍이 불고 폭풍우가 몰아쳤습니다. 큰 폭풍우가 지나가면 바다의 바닥까지 정화되듯이 우리 교회도 정화되고 영적 기반이 든든히 세워진 것처럼 느껴졌습니다.

이 모든 과정을 거치고 난 뒤에 교회 분위기 달라졌습니다. 교회로 오는 새가족들도 달라졌습니다. 이제 특별한 목적을 가지고 오시는 분들은 거의 없습니다. 정말 신앙생활 하려고 하는 분들이 오십니다. 이제는 사람들이 만들어 내는 문제가 아니라 전심으로 신앙생활 하려고 하는 분들의 기도를 통해 일어나는 성령의 분위기가 감지됩니다. 흔들리지 않고 자라는 나무, 흔들리지 않고 세워지는 교회는 없습니다. 수천 번을 흔들려도 하나님은 하나님의 교회를 세워나가십니다.

3

존재할 가치 있는 교회를 꿈꾸다

우리 교회는 유학생들을 위해서 세워진 교회였습니다. 교회의 위치도 UNT(University of North Texas)와 TWU(Texas Woman's University)가 있는 덴턴에 있었습니다. 그런데 현재 우리 교회는 덴턴에서 약 25마일 남쪽에 있는 캐롤톤(Carrollton)에 있습니다. 캐롤톤은 메트로 댈러스 지역(간단히 댈러스라고 부름) 중에서도 한인들이 가장 많이 사는 한인 상권의 중심지입니다.

유학생 교회로 시작한 교회가 한인들의 중심 지역으로 이동해서 한인들을 섬기는 교회가 된 것은 우리의 뜻도 아니었고, 오직 하나님의 강권적인 역사로 된 일이었습니다(앞의 내용에서 설명한 것처럼). 이때 저에게는 두 가지 고민이 있었습니다.

첫째, 유학생을 위해서 세워진 교회가 그 지역을 떠나서 한인들의 중심 지역으로 이동해도 되는가?

둘째, 이미 댈러스 지역에는 200개가 넘는 한인 교회가 존재하는데, 우리가 또 하나의 교회를 세워야 할 이유가 있는가?

이때부터 고민했던 주제가 '존재할 가치가 있는 교회'에 대한 것이었습니다.

우리 교회가 댈러스로 가서 수많은 교회 속에 또 하나의 교회를 세워야 할 만큼 존재할 가치가 있는가?

그 존재 가치를 어디에서 찾아야 하는가?

일단 존재할 가치가 있는 교회에 대한 개념부터 정리할 필요가 있었습니다.

고민의 결과로 세 가지 기준을 세웠습니다.

첫째, 하나님이 보실 때 존재할 가치가 있어야 한다.

이것은 복음과 말씀을 전하면서 영혼을 구원하는 교회여야 한다는 생각이 담겨 있습니다.

둘째, 교회가 있는 지역 사회가 볼 때 존재할 가치가 있다고 인정해야 한다.

교회 건물이 물리적으로 있는 이웃들이(인종과 종교에 상관없이) 우리 교회가 있으면서 유익을 얻고, 우리 교회가 자신들의 이웃으로 있는 것을 좋아해야 한다고 생각했습니다. 이것은 섬김과 봉사에 관한 생각이 담겨 있습니다.

셋째, 함께 신앙생활 하는 우리 성도들이 존재할 가치가 있다고 인정해야 한다.

이것은 성도들이 성령 안에서 하나 되고 교제하는 내용이 포함된 것입니다.

이것을 기본으로 해서 교회의 비전을 세웠습니다.

1) 예배하는 공동체(Worshiping Church)
2) 한 몸 되는 공동체(Organic Church)
3) 선교하는 공동체(Reaching out Church)
4) 제자 삼는 공동체(Training Church)
5) 나누는 공동체(Helping church)

위의 다섯 가지 비전의 영어의 첫 글자만 모으면 WORTH(가치 있다)라는 단어가 됩니다.

1) 예배하는 공동체

구원받은 사람들이 가장 먼저 해야 할 일이 하나님을 예배하는 일입니다. 당연히 교회에서 가장 중요한 자리를 차지하는 것이 예배일 수밖에 없습니다.

하나님은 인격적인 하나님이시기 때문에 우리의 구원도 하나님의 인격적인 사랑으로 이루어졌습니다. 우리의 예배도 인격적인 하나님과 만남입니다. 예배가 종교적인 의식이 아니라 예배를 드리는 성도들과 하나님 사이의 인격적인 교제여야 합니다. 예배를 통해 하나님을 최고로 높이고 경배하는 동시에 성도들이 하나님의 선하심을 맛보고, 하나님과 함께 기뻐하고, 하나님이 주시는 힘을 얻어야 합니다.

예배의 순서와 형식을 가능하면 모든 연령대의 성도들이 공감할 수 있게 만들려고 노력했습니다. 설교 후에 찬양하고 기도하는 시간을 두어서 설교를 통해 받은 은혜를 되새기고, 결단하는 시간을 가지게 하고 있습니다.

　주일 낮 예배에 뜨겁게 기도하는 것을 처음에는 어색하게 생각하는 분들도 있었습니다. 그런데 현대가 되면 될수록 성도들이 기도의 자리를 잃어버리고 있습니다. 새벽 기도를 참석하는 분들이 많지 않고, 금요일 능력 기도회에도 많이 참석하지 않는 것이 현실입니다. 바쁜 일상들이 기도의 능력을 빼앗아 가고 있다는 것을 절감합니다. 그래서 주일 예배 때라도 마음을 다해서 기도하는 시간을 가져야 하겠다고 생각했습니다. 그리고 자신의 인생을 돌아보고, 하나님 앞에서 회개하고, 결단하는 시간을 가지기에 설교를 들은 직후보다 더 좋은 때는 없다고 생각했습니다.

　시간이 갈수록 기도하는 시간이 뜨거워졌습니다. 예배를 드리고 기도하면 다시 살아갈 힘이 생긴다는 고백을 듣게 됩니다. 역시 예배가 능력입니다.

2) 한 몸 되는 공동체

　교회는 예수님의 몸입니다. 그리고 예수님을 머리로 해서 모든 성도가 지체가 되어서 유기적으로 연결된 살아 있는 생명체와 같습니다.

> 만일 한 지체가 고통을 받으면 모든 지체가 함께 고통을 받고 한 지체가 영광을 얻으면 모든 지체가 함께 즐거워하느니라 너희는 그리스도의 몸이요 지체의 각 부분이라(고전 12:26-27).

우리 교회의 소그룹의 이름은 '가지 모임'입니다. 교회 이름이 큰나무이기 때문에 가장 작은 소그룹은 '가지 모임'이고, 그것보다 큰 모임은 '나무 모임', 그보다 큰 모임은 '숲 모임'이 됩니다. 가지 모임은 기도 제목을 나누고 서로를 위해서 기도해 주는 기도 그룹입니다. 물론 교체와 친교도 합니다. 그런데 모임의 목적은 서로를 격려하면서 기도해 주는 것입니다. 서로 지체가 되어서 아픔과 어려움을 품고 함께 기도하면서 한 몸이 되어 가는 것입니다.

3) 선교하는 공동체

우리 교회의 선교에 가장 핵심은 '1+2 Project'입니다. 1,000,000불을 흘려보내고 200개 나라에 선교팀을 파송하는 것입니다. 1,000,000불도 상징적인 숫자이고, 200개 나라도 상징적인 숫자입니다. 하나님이 허락하시는 대로 연약한 교회를 세우고, 선교지를 세우기 위해서 1,000,000불 뿐만 아니라 더 많은 재정을 계속해서 흘려보낸다는 것입니다. 200개는 할 수 있는 대로 세계의 모든 나라를 향한 선교팀을 파송한다는 말입니다.

오클라호마주에 있는 인디언 원주민(Cherokee Native American)을 시작으로 해서 멕시코에 선교지를 개척해서 매년 선교팀을 파송하고 있습니다. 가까운 지역부터 시작해서 계속해서 확장할 계획을 하고 있습니다. 우리 교회가 추구하는 선교의 정책은 두 가지입니다.

첫째, 선교지와 선교사 중심 선교입니다.
둘째, 평생 동역 선교입니다.

선교지를 한번 정하면 그 지역에 더 이상 선교가 필요 없거나, 선교사님의 중단 요청이 없는 한 멈추지 않습니다.

4) 제자 삼는 공동체

예수님이 승천하시기 전 제자들에게 하신 마지막 명령은 땅끝까지 가서 제자 삼으라는 것이었습니다.
제자로 삼는 것은 두 가지 방향에서 이루어져야 합니다.

첫째, 신앙을 2세대에 잘 전수하는 것입니다. 교회에서 자라는 자녀들에게 복음과 말씀으로 양육하는 것이 첫 번째 제자 삼는 사역입니다.
둘째, 성도들을 훈련해서 전도와 선교의 삶을 살도록 하는 것입니다. 선교지를 갈 뿐만 아니라 삶의 터전이 전도와 선교의 장이 되도록 훈련하는 것입니다.

5) 나누는 공동체

교회는 예수님이 십자가에서 자기의 생명을 내어 주심으로 시작된 공동체입니다. 예수님의 십자가 희생이 없었다면 교회도 존재하지 않았을 것입니다. 교회는 기본적으로 나누는 공동체여야 합니다. 가장 먼저는 생명의 복음을 나누는 공동체여야 하고, 두 번째는 부족한 사람들의 필요를 채우는 공동체여야 합니다. 이것을 위해서 우리 교회는 지역 연구를 준비하고 있습니다. 우리 지역에 있는 사람들의 인종과 종교, 삶의 모습, 관공서와 선교 봉사 단체들을 연구해서 도울 계획을 세우려는 작업을 진행 중입니다.

우리 교회는 사랑을 받아서 세워진 교회입니다. 처음 세워질 때 후원하는 교회의 큰 사랑을 받고 시작되었습니다. 그리고 지속해서 주변으로부터 많은 사랑을 받았습니다. 무엇보다도 하나님의 사랑을 받아서 건강하고 튼튼한 교회로 세워졌습니다. 이것은 사랑을 받으면서 일어난 하나님의 역사였습니다. 말하자면 반쪽짜리 기적입니다.

이제 우리 교회의 사명은 남은 반쪽을 완성하는 것입니다. 받은 사랑을 갚으면서 하나님의 역사를 이루어가는 것입니다. 앞으로 우리 교회는 연약한 교회를 세우는 교회가 되고, 선교지를 세우는 교회가 될 것입니다.

4

꿈으로 보여 주신다고요?

큰나무교회에 부임하기 전에 댈러스에 살고 있었습니다. 제가 살고 있던 곳에서 교회에 가려면 몇 개의 크고 작은 시의 경계를 넘어가야 했고, 바다가 연상되는 큰 인공호수인 루이스빌 호수(Lewisville Lake)를 지나가야 했습니다. 댈러스에서 볼 때 루이스빌 호수 북쪽은 심리적으로나, 거리상으로나 너무나 먼 다른 세상이 었습니다. 이런 루이스빌 호수를 지나고 나서도 두 개의 작은 시의 경계를 지나야 교회에 도착할 수 있었습니다.

교회에 부임하고 난 뒤 심방을 하면서 두 분으로부터 꿈 이야기를 들었습니다. 한 분은 공석인 담임목사를 위해서 기도할 때 꾼 꿈이랍니다.

"한 젊은 목사님이 교회에 부임하더니 성도들을 휘어잡아서 어디론가 확 데려가 버렸다."

또 한 분은 제가 부임하기로 결정이 난 뒤에 꾸었다고 합니다. 제가 부임하기로 한 날 성도들이 저를 마중하기 위해서 교회에 모여 있었답니다. 그런데 제가 댈러스에서 차를 타고 교회가 있는 덴턴으로 올라오다가 중간에 멈추더니, 루이스빌 호수를 건너지 않고 자기들에게 내려오라고 손짓을 하더라는 꿈입니다.

들어보니 둘 다 신기한 꿈들이었습니다. 그런데 그 꿈들은 제가 해석하거나, 특별한 의미를 부여할 수 있는 것들이 아니었습니다. 꿈을 들으면서 막연하게 생각했습니다.

'하나님이 나에게 영적 지도력을 주셔서 성도들을 잘 이끌고 가겠구나!'

그런데 그 두 가지 꿈이 제가 목회하면서 실제로 이루어졌습니다. 목회를 시작한 지 1년 10개월 만에 교회가 코린스(Corinth)라는 도시로 이전했습니다("제2부 1. 앗, 여기가 가나안 땅이 아니었나 봐!" 참고). 첫 번째 꿈이 이루어진 것이지요. 교회를 코린스로 이전하고 만 3년 후에 또다시 댈러스 쪽으로 이전했습니다. 루이스빌 호수 아래쪽에 있는 루이스빌(Lewisville)이라는 도시입니다("제4부 1. 깊이 부은 사람들" 참고). 두 번째 꿈이 이루어진 것입니다.

성경에는 유독 꿈 이야기가 많이 나옵니다. 요셉의 꿈, 바로 왕의 꿈, 느부갓네살 왕의 꿈, 예수님의 육신의 아버지였던 요셉의 꿈. 이 꿈들에는 모두 특별한 의미가 있었고, 하나님은 그 꿈들을 통해 놀라운 일을 행하셨습니다. 하나님은 꿈을 통해 하나님의 뜻을 말씀하시기도 하고, 꿈을 통해 특별한 것을 지시하시기도 합니다.

> 이르시되 내 말을 들으라 너희 중에 선지자가 있으면 나 여호와가 환상으로 나를 그에게 알리기도 하고 꿈으로 그와 말하기도 하거니와 (민 12:6).

그런데 동시에 하나님은 꿈꾸는 것을 거짓 선지자들이 주로 하는 일이라고 하시고, 꿈꾸는 자에 대해서는 저주에 가까운 경고를 하십니다.

> 내 이름으로 거짓을 예언하는 선지자들의 말에 내가 꿈을 꾸었다 꿈을 꾸었다고 말하는 것을 내가 들었노라(렘 23:25).

> 꿈꾸는 자를 죽이라(신 13:5).

이것은 우리가 꿈을 통해 하나님의 인도하심과 은혜도 체험하지만, 동시에 꿈 때문에 우리 인생에 문제가 생길 수도 있다는 말입니다.

그렇다면 특별한 꿈, 신비한 꿈, 생생한 꿈은 어떻게 받아들여야 할까요?

꿈을 어떻게 해석하고 우리 삶에 적용해야 할까요?

꿈을 크게 세 가지로 분류할 수 있습니다. 세 가지 외에 다른 꿈들은 아무 의미가 없는 꿈들이라고 생각하시면 됩니다.

1) 지시하는 꿈

이 꿈은 명확하고 지시하는 내용이 아주 구체적입니다.

> 네 아내 마리아 데려오기를 무서워하지 말라(마 1:20).

> 일어나 아기와 그의 어머니를 데리고 애굽으로 피하여 … 거기 있으라 (마 2:13).

특별한 해몽이 필요 없습니다. 주저 없이 그 지시에 따르면 됩니다. 그런데 요즘 이런 꿈은 거의 없습니다. 하나님이 특별한 경우에만 사용하십니다. 간혹 지시하시는 꿈인데 분명하지 않을 때가 있습니다. 바로 왕과 느부갓네살 왕이 꾸었던 꿈입니다. 이때는 특별한 해몽자가 필요합니다. 다른 사람은 그 꿈을 해석하지 못합니다. 그 꿈을 해몽하도록 하나님이 정해 놓은 사람이 있습니다.

그 꿈은 꿈을 꾼 사람을 위한 것이 아니라 해몽하는 사람을 위해서 하나님이 꾸게 하신 것입니다. 그때도 뜻은 분명하고 지시 사항도 분명합니다.

2) 위험을 알려주거나 경고하는 꿈

이 꿈에도 별다른 해몽이 필요 없습니다. 꿈을 꾼 사람이 이미 하나님이 뭘 원하시는지 알고 있기 때문입니다. 그냥 주의하거나 회개하거나 겸손하게 자기를 돌아보면 됩니다. 죄를 지으려고 했던 일들을 멈추면 됩니다. 소위 영적 권위자들이 그 꿈을 해석해서 내놓는 무리한 실천 사항들을 따르시면 안 됩니다(뭘 팔아서 어떻게 하라든지, 금식하라고 하든지, 겁을 주면서 뭘 하라고 한다든지, 금품을 요구한다든지 등).

3) 격려하고 소망을 주는 꿈

우리가 현재 꾸는 꿈들은 대부분 여기에 해당합니다. 특별한 꿈, 신비한 꿈, 생생한 꿈, 강렬한 꿈, 행복한 꿈, 뭔가 특별한 의미가 있을법한 꿈 모두 다 여기에 속합니다. 요셉이 꾸었던 곡식단 꿈, 해와 달과 열한 별의 꿈도 여기에 속합니다.

꿈이 우리 삶에 문제를 일으키는 경우는 바로 이 '격려하고 소망을 주는 꿈'을 '지시하는 꿈'으로 잘못 해석하고 무리하게 적용하기 때문입니다. 격려하고 소망을 주는 꿈은 말 그대로 하나님이 우리에게 주시는 소망이고 격려입니다. 마음속에 소망으로 품고 묻어 두는 것입니다. 그 꿈은 우리가 해석해서 성취하는 것이 아니라 하나님의 때 하나님이 이루십니다.

요셉은 하나님이 주신 꿈을 가슴 속에 묻어 두었습니다. 그 꿈이 요셉에게 위로가 되었고, 소망이 되었습니다. 위로와 소망을 품고 시간이 흘렀을 때 그 꿈들은 요셉 앞에 현실로 드러났습니다. 꿈을 이루기 위해서 요셉이 계획을 짜거나, 주도적인 역할을 하거나, 특별한 결정을 한 것이 없습니다. 하나님이 그 꿈을 주셨고, 하나님이 그 꿈을 이루셨고, 꿈이 이루어졌을 때 하나님이 요셉에게 그 꿈을 생각나게 하셨습니다(창 42:9).

꿈을 억지로 해석하려고 하지 마십시오. 요셉은 자기의 꿈을 해석하지 않았습니다. 만약, 요셉이 꿈을 해석했더라도 이집트의 총리가 되는 것과는 연결하지 못했을 것입니다. 꿈을 해석할 필요는 없지만, 누군가 꿈을 해석해 주면 그냥 마음속에 품어 두십시오. 좋은 해석이면 마음속에 품고 위로와 격려를 받으십시오. 좋지 않은 해석은 마음속에 두지 말고 빨리 흘려버리십시오. 어차피 꿈은 해석하는 순간 그 실체와는 거리가 생기게 됩니다.

꿈을 해석한 것을 바탕으로 현실에서 인생의 목표를 설정하면 안 됩니다. 꿈을 해석한 순간 이미 꿈을 주신 분의 계획과는 차이가 난다는 것을 기억해야 합니다. 꿈의 내용을 현실 목표로 삼고 살아가면 무리수를 두게 되고, 실수하게 됩니다. 요셉이 꿈을 해석했다면 부모님과 형들이 다 자기에게 절할 만큼 높은 이스라엘의 관리가 되는 것이 목표가 되었을 것입니다.

요셉이 그것을 인생의 목표로 설정하고 살았다면 어떻게 되었겠습니까?

이집트에 포로로 잡혀갔을 때 총리가 되는 것을 목표로 두고 보디발의 아내의 유혹을, 술 맡은 관원을 그 목표를 위한 발판으로 삼았다면 어떻게 되었겠습니까?

꿈은 현실 문제와 직접 연결하면 안 됩니다. 사업을 위해서 기도하는데 좋은 꿈을 꿨다고 해서 그것을 하나님의 응답으로 생각하면 안 됩니다. 구체적이고 명확하게 지시하시는 꿈이 아니라면 현실 문제에 대한 응답이 아닙니다. 찬란한 태양이 떠오르고, 황금 열쇠를 손에 쥐여 주는 꿈을 꿨다고 해서 어떤 계약을 덥석 해버리면 안 됩니다. 그 꿈이 그 계약에 대한 하나님의 승낙이라고 말씀하신 적이 없습니다. 그냥 꿈을 꾼 것일 뿐입니다.

꿈은 내가 이루려고 하면 안 됩니다. 가슴 속에 소망으로 그냥 묻어두십시오. 꿈을 해석하지 않아서 문제 될 것이 하나도 없습니다. 하나님이 다 이루십니다. 그 꿈을 이루신 순간, 자동으로 우리에게 해석이 되게 하십니다.

제가 교회에 부임하고 들은 두 가지 꿈에 대해서 제가 한 것이 하나도 없습니다. 해석도 하지 않았습니다. 그 꿈이 정확하게 무엇인지도 몰랐습니다. 구체적인 목표를 세우지도 않았습니다. 만약 그 꿈을 근거로 제가 교회 이전을 계획하거나 추진했다면 교회는 큰 혼란 속에 빠졌을 것입니다. 저는 그냥 그 꿈을 마음에 품고 위로와 격려로 받았습니다. 힘들 때 가끔 그 꿈이 위로되었습니다. 때가 되니 하나님이 다 이루셨고, 저는 그때야 비로소 그 꿈이 해석되었습니다.

신기한 꿈을 꾸었습니까?
특별한 의미가 있는 것 같습니까?
뭔가 대단한 것을 보여 주시는 것 같습니까?

그냥 다음과 같이 하십시오.

첫째, 꿈을 통해 하나님의 위로와 격려를 받으십시오.
둘째, 꿈을 통해 하나님의 계획이 있음을 알고 고난 중에도 소망을 하십시오.
셋째, 꿈을 이루는 분이 하나님이라는 사실을 인정하고 하나님 손에 맡겨 두십시오.
넷째, 꿈이 이루어졌을 때 그 꿈을 주신 하나님께 감사하십시오.

5

불임 부부의 노래

2017년 새해가 시작되고 얼마 지나지 않아서 한 젊은 부부가 교회에 등록했습니다. 이 부부는 결혼한 지 8년이 지났는데도 아기가 없었습니다. 아기를 간절히 원했지만 가지지 못했습니다. 아기를 가지기 위해서 할 수 있는 것을 다 해 보고, 작정 기도도 해봤지만 번번이 실패하고 말았습니다. 이 과정에서 하나님에 대한 믿음도 상당히 약해져 있었습니다. 자신들에게 가장 중요한 문제가 아무리 기도해도 해결되지 않으니까 신앙의 기쁨을 찾을 수가 없었던 것입니다. 상담 중에 이 부부가 했던 말을 잊을 수가 없습니다.

목사님, 이제 아기를 달라고 기도도 못 하겠어요. 정말 간절히 기도하고 싶은데, 간절히 기도했는데도 주시지 않으면 하나님께 더 실망해서 믿음조차 잃어버릴까 봐 무서워서 기도조차 못 하겠어요.

그분들의 이야기를 듣기만 해도 그 고통이 제 마음에 그대로 전달되었습니다. 그런데 제가 해결해 줄 수 있는 일이 아니었습니다. 그래서 안타까운 마음으로 기도를 해 주는 것으로 상담을 마무리했습니다.

우리 교회에는 젊은 부부가 많습니다. 젊은 층의 비율이 어느 교회보다 높습니다. 위의 부부와 상담을 하고 돌아보니 교회의 젊은 부부 중에 아기를 원하는데 아기가 생기지 않는 부부가 많았습니다. 아기를 위해 기도하는 부부들도 많이 있었습니다. 그들의 기도 제목을 들을 때마다 그 문제를 해결해 줄 능력이 없음에 늘 마음이 아팠습니다.

어느 날 주일 예배 시간에 설교를 하는데 아기를 갖지 못하는 부부들을 위해 기도하라는 마음이 들었습니다. 이때는 우리 교회가 설교 후에 찬양하고 설교 때 받은 말씀을 가지고 통성으로 기도하기를 시작한 지 얼마 지나지 않은 때였습니다. 하나님이 제게 주신 마음은 그냥 개인적으로 불임 부부들을 위해 기도하라는 말이 아니었습니다. 예배 시간에 성도들 앞에 공개적으로 이야기하고 모든 성도가 아기를 가지기 원하는 부부들을 위해서 기도하라는 것이었습니다.

저는 하나님이 주신 마음에 바로 순종하기가 힘들었습니다. 8년 동안 모든 노력을 다했는데도 아기를 가지지 못한 부부의 사연을 이미 들어서 너무 잘 알고 있었기 때문이었습니다. 괜히 이들을 위해서 기도하자고 했다가 아무런 일도 일어나지 않으면 그 부부에게 또다시 실망감을 주는 것이 걱정되었습니다. 더 큰 이유는 기도하자고 이야기했다가 허풍이나 떠는 목사가 되어 버릴 것이 두려웠기 때문이었습니다.

하나님이 마음을 주셨지만 몇 주를 거부하면서 버텼습니다. 정말 자신이 없었습니다. 기도의 능력이 있는 목사도 아니었고, 제게 주신 하나님의 사명은 누구보다 말씀을 제대로 전하는 것으로 생각하고 있었습니다. 그런데 시간이 지나면서 공개적으로 이야기하고 기도하라는 마음을 점점 더 강하게 주셨습니다. 그래서 어쩔 수 없이 순종했습니다. 그렇지만 제 속마음은 이랬습니다.

'저는 모르겠어요.

하나님이 알아서 하세요!'

이때부터 매주 아기를 가지지 못하는 부부들에게 태의 문을 열어 달라고 기도했습니다.

기도를 시작하고 몇 주가 지나도록 아무런 일도 일어나지 않았습니다. 솔직히 기적이 일어날 것이라고 기대하지 않았기에 실망할 일도 없었습니다. 이것은 불신앙이라기보다는 저의 능력에 대한 현실을 인정한 것입니다. 저는 그냥 하나님이 하라고 했으니까 순종한 것으로 제 할 일을 다했다고 생각했습니다.

그런데 5주 이후에 한 부부가 임신했다는 소식을 전해왔습니다. 처음에는 이런 마음이 제 속에 있었습니다.

'그래 임신이 잘 안 되다가 때가 되어서 아기를 가졌겠지.'

얼마 지나지 않아서 또 다른 부부의 임신 소식을 들었습니다. 그다음부터 마치 릴레이 경기를 하듯이 아기를 가지지 못했던 부부들이 임신했습니다. 약 1년 동안은 임신 소식을 듣는 것이 일상이 되었습니다.

이런 임신 소식을 들으면서 제 마음에 걸렸던 것은 저와 상담했던 부부였습니다. 이 부부는 다른 부부들의 임신 소식 때문에 더 힘들 것으로 생각하였습니다. 더불어 제 마음도 무거운 돌덩이 하나 올려놓은 것처럼 답답하고 고통스러웠습니다.

이 부부는 마지막 방법으로 한국에 가서 시험관 시술을 해 보기로 했습니다. 남편은 미국에 남아서 직장을 다니고, 아내만 한국에 가야 하는 상황이었습니다. 경제적으로도, 상황적으로도 쉽지 않은 선택이었습니다. 그래도 기도하면서 마지막으로 해 보고 싶은 선택을 한 것입니다. 몇 개월에 걸쳐서 준비해서 한 시험관 시술이 실패로 끝이 나버렸습니다. 실망이 이만저만이 아니었습니다. 그래도 한 번만 더 시도하기로 했습니다.

어느 날 새벽 기도를 마치고 목회자 모임을 하고 있었는데 카톡이 울렸습니다. 아기를 가지지 못하는 부부의 남편이 저를 만나고 싶다고 연락이 온 것입니다. 또 무슨 일인가 해서 가슴이 덜컹 내려앉았습니다.

혹시 '너무 힘들어서 더 이상 하나님을 믿을 수가 없다' 같은 이야기를 하려고 하나?

별의별 생각이 다 들었습니다. 조심스럽게 무슨 일로 만나려고 하는지 카톡으로 물었습니다. 남편이 보내온 카톡의 내용입니다.

> 아내가 임신했거든요. 찾아뵙고 알려 드리려고 했죠. 저희를 위해서 항상 기도해 주시는 거 정말 감사해요. 피검사를 통해 임신 확인은 했는데 호르몬 수치가 낮게 나왔다고 하네요. 호르몬 수치가 낮으면 나중에 유산될 수 있다고 해서 병원 가서 호르몬 수치 올리는 링거 맞나 봐요.
> 이렇게 하나님이 허락해 주셨으니 끝까지 책임져 주시겠죠?
> 앞으로도 계속 기도하라는 하나님의 뜻으로 알고 하나님 의지하고 살아야죠. 즐거운 하루 보내세요 목사님.

임신했다는 소식에 그 자리에서 '할렐루야'를 외쳤습니다. 가슴을 짓누르고 있던 돌덩이 하나가 빠져나간 듯이 너무 시원했습니다. 또 한편으로 유산될 수 있다는 소식에 안심할 수 없었습니다.

만약 유산이 된다면 이 부부가 상심이 얼마나 클까?

생각만 해도 또 마음이 저렸습니다. 뱃속에 있는 아이의 태명까지 지어주면서 정말 간절히 하나님께 기도했습니다. 그런데 결국 그 아이는 유산되어 버렸습니다. 다행인 것은 이 부부가 그 상황 속에서도 믿음을 잃지 않았다는 것입니다.

하나님이 하시는 일이 좀 이해가 되지 않았습니다.

안 주시려면 아예 임신이 되지 않게 하시던지, 임신이 되었으면 건강하게 태어나게 해 주시면 얼마나 좋습니까?

그런데 하나님의 일하심은 늘 우리 생각을 뛰어넘습니다. 이 부부가 다시 임신한 것입니다. 그것도 쌍둥이를 주셨습니다. 타이밍도 얼마나 기가 막힌 지 그 해가 바뀌기 전인 12월 28일에 주셨습니다. 이 부부가 임신 릴레이의 마지막 주자로 결승점을 통과한 것입니다. 그것도 쌍둥이로 마침표를 찍었습니다. 아기가 없어서 하나님을 믿는 믿음도 무너진다고 했던 부부에게 쌍둥이를 주시면서 한나가 불렀던 "임신 못하던 자는 일곱을 낳았고"(삼상 2:5)라는 감사의 노래를 부르게 하셨습니다.

다음 해부터 그 아기들이 태어나기 시작했습니다. 아기들이 다 태어나고 난 뒤 후에 예배 시간에 그 부부들과 태어난 아기들을 다 강단으로 초청하니 약 10가정 정도 되었습니다. 이들을 축복하면서 기도해 주는데 얼마나 감격이 되었는지 모릅니다.

이 일을 통해 하나님이 교회 공동체가 한마음이 되어서 전심으로 기도하는 것을 얼마나 기뻐하시는지, 그 기도가 얼마나 능력이 있는지 친히 보여 주셨습니다. 그리고 하나님은 여전히 살아서 역사하신다는 것을 온 교회가 함께 고백하는 계기가 되었습니다.

하나님의 역사는 지금도 우리 교회 속에 현재 진행형입니다. 아기들이 태어나고 난 다음 해에는 하나님이 남편들의 구원을 위한 기도를 하게 하셨습니다. 놀랍게도 이때부터 한 가정씩 남편들이 교회로 나오기 시작했습니다. 우리가 아무리 어려워도 멈출 수 없는 이유는 하나님이 지금도 일하고 계시기 때문입니다.

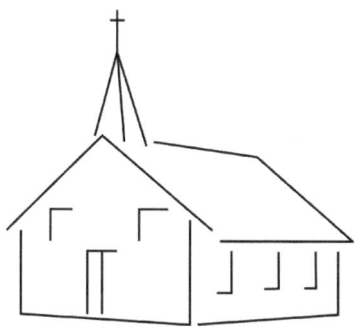

6

설교의 위기와 극복

목사의 또 다른 이름은 설교자입니다. 좀 극단적으로 말하면 목사는 설교에 살고 설교에 죽는 사람입니다. 목사의 역할 중에 설교가 그만큼 큰 비중을 차지한다는 말입니다. 주일날 설교를 죽 쑤고 나면 모든 자신감이 바닥을 치고, 교인들을 피해 쥐구멍을 찾아서 숨고 싶어집니다. 반대로 아주 힘들다가도 성도들이 설교를 통해 은혜를 받고 회복되는 모습을 보면 다시 힘이 납니다.

담임 목회자가 되면 보통 일주일에 적게는 두 편, 많게는 네 편의 설교를 합니다. 물론 이것은 짧게 말씀을 전하는 새벽 기도를 제외한 경우입니다. 새벽 기도를 포함하면 10편을 훌쩍 넘길 수도 있습니다. 1년으로 따지면 100편에서 200편의 설교를 작성하게 됩니다.

설교도 창작 활동에 속한다고 본다면 설교자들은 일 년에 100편에서 200편의 새로운 창작을 해야 한다는 말이 됩니다. 더욱이 설교를 작성한 것으로 끝나지 않고, 설교 후에 청중 평가가 바로 나오기 때문에 내용과 전달하는 방식에 소홀할 수 없는 작업입니다. 목회자가 보통 담임 목회를 시작하고 빠르면 1년, 좀 더 길면 3년 정도 지나면 설교할 거리가 다 떨어진다고 합니다. 아무리 책을 많이 읽고, 생각이 깊은 사람이라도 한 사람이 하는 생각은 한계가 있기 때문에 무한정 쏟아낼 수 없는 것은 어쩌면 당연한 일입니다.

이때가 설교자의 위기가 시작되는 시점입니다. 자기에게서 더 이상 선한 것이 나올 수 없다는 것을 인식하는 것은 설교자들에게는 사형 선고나 마찬가지입니다. 이런 상황에서 매주 다가오는 설교 스케줄은 감당하기 힘든 무거운 짐이 되어서 어깨를 짓누릅니다. 설교 준비를 하긴 해야 하는데 무엇을 준비해야 할지 막막합니다. 설교를 준비하면서 부실해 보이는 내용에 고구마 한 개를 그냥 삼켜 버린 듯 가슴속부터 답답함이 전해옵니다.

마음에 들지 않는 설교 원고를 가지고 강단에 섰을 때 성도들로부터 전해지는 냉랭함은 설교자를 주눅 들게 해 버립니다. 다음번 설교를 위해서 강단에 서기까지 고통스러운 자기와의 싸움이 벌어집니다. 설교 한 문장을 작성하기 힘들고, 설교를 위해서 강단에 올라가는 것이 두려울 때가 많습니다. 김훈 작가가 쓴 『칼의 노래』에서 전쟁과 끼니에 대한 묘사가 딱 설교자가 느끼는 감정입니다.

> 끼니는 어김없이 돌아왔다. 지나간 모든 끼니는 닥쳐올 단 한 끼 앞에서 무효였다(『칼의 노래』, 48).

> 닥쳐올 싸움은 지나간 모든 싸움과 전혀 다른 낯선 싸움이었다. 싸움은 싸울수록 경험되지 않았고, 지나간 모든 싸움은 닥쳐올 싸움 앞에서 무효였다(『칼의 노래』, 155).

지나간 설교를 아무리 잘해도 다가오는 설교 앞에서 지나간 설교는 무효였습니다.

저는 목회를 시작하고부터 모든 설교 전문을 토씨 하나 빼지 않는 완성된 원고로 작성했습니다. 말주변이 없었기에 설교문을 완전히 준비하지 않고 설교단에 서면 불안해서 머릿속이 하얗게 변해버리기 때문입니다. 심지어 매일 하는 새벽 기도까지 설교 전문을 완성된 원고로 만들었습니다. 10년 넘게 새벽 기도 설교 원고를 성도들에게 보내고 있습니다. 일주일에 두 번(주일, 금요일)은 장편의 설교를 준비해서 설교합니다. 거의 매일 설교문을 작성했다고 보면 됩니다.

제가 이렇게 설교할 수 있었던 이유는 성경 중심으로 내러티브 설교를 했기 때문입니다. 만약 제가 주제 설교를 하거나, 필요한 부분의 성경 구절을 뽑아서 설교했다면 이렇게 설교를 감당하기 힘들었을 것입니다. 일찌감치 설교의 소재는 고갈되고, 설교에 대한 부담으로 번아웃 되어 버렸을 것입니다.

성경 본문을 중심으로 내러티브로 설교할 때 장점이 있습니다. 성경 본문 안에 이미 설교의 소재와 구성, 전달의 방법까지 다 들어 있어서 충실하게 연구하면 설교를 작성하는 것에는 큰 부담을 느끼지 않습니다. 지금까지 16년 동안 같은 성도들과 함께 설교하고 있는데도 아직 설교의 소재가 떨어지지 않는 이유는 바로 성경을 가지고 설교하기 때문입니다. 그런데 성경을 중심으로 내러티브 설교를 하는 설교자에게도 찾아오는 문제가 있습니다. 바로 깊이의 문제입니다. 설교의 내용이 깊지 않으면 성도들은 뻔하고 식상한 이야기를 한다고 생각하고 설교에 대해서 흥미를 잃고 집중력이 떨어집니다.

목회를 시작한 지 약 3년쯤 되었을 때 설교가 성도들에게서 튕겨 나오고 있다는 것이 느껴지기 시작했습니다. 설교하는 본문의 내용에 따라서 영향이 있기도 했습니다. 예를 들면 여호수아서를 설교할 때는 성도들의 분위기도 같이 고조되기도 하고 설교의 내용 안으로 더 깊이 들어왔습니다. 그런데 사사기서를 설교할 때는 성도들의 분위기도 처지고, 설교를 받아들이는 정도도 덜하다는 것이 느껴졌습니다. 설교가 더 깊은 묵상과 해석을 동반하지 못하고 성도들이 아는 수준에 머물러 있다는 말이었습니다. 설교의 깊이의 문제가 찾아온 것입니다.

이 문제를 해결하기 위해서 여러 가지를 시도했습니다. 책을 더 많이 읽으면서 설교 때 예화로 쓸 신선한 이야기를 찾았습니다. 알고 있는 성경 이야기에 신선한 이야기를 곁들이면 설교가 좋아질 것이라는 생각 때문이었습니다. 효과가 있었습니다. 당장 성도들의 반응이 좋아졌습니다. 그런데 그것도 오래가지 못했습니다. 예화 이야기만 좀 더 신선해졌을 뿐 설교의 메시지가 더 힘이 생기거나, 깊어진 것이 아니었기 때문이었습니다. 또다시 정체되어 있다는 느낌이 찾아왔습니다.

또 하나는 설교를 작성할 때 구성의 문제를 고민했습니다. 똑같은 이야기도 어떻게 구성하느냐에 따라 듣는 사람의 관심 정도가 달라집니다. 연역적 설교와 귀납적 설교가 차이 나는 부분도 이런 부분입니다. 특히, 내러티브 설교에서는 구성이 아주 중요한 부분입니다.

성경 이야기를 어떻게 전개하는가?
어떤 갈등을 일으키는가?
그 갈등의 문제를 어떻게 푸느냐?

　이에 따라서 청중의 반응은 달라집니다.
　이야기의 구성을 가장 흥미롭게 표현하는 것 중의 하나가 드라마입니다. 드라마 안에는 항상 갈등이 존재합니다. 그리고 그 갈등을 어떻게 풀어내느냐에 따라 막장 드라마가 되기도 하고, 명품 드라마가 되기도 합니다. 작가의 실력은 갈등을 시청자들이 예상치 못하는 방향으로 풀어내는 것에서 드러납니다.
　다 알고 있는 성경 이야기를 흥미 있게 풀어내기 위해서 드라마를 연구해 보고 싶은 마음이 들었습니다. 작가들은 뻔한 이야기에서 어떻게 갈등을 만들어 내고, 또 그것을 풀어가면서 시청자들의 관심을 사로잡는지 알고 싶었습니다. 역시 처음에는 효과가 있는 것 같았습니다. 그런데 시간이 갈수록 설교 연구를 위해서 드라마를 보는 것이 아니라 드라마 자체에 빠진 저를 발견했습니다.
　두 가지 방법을 사용해봤는데 근본적인 문제를 해결하지 못했습니다. 마치 몸이 아픈데 병원에 가서도 원인을 찾지 못하고 돌아온 기분이었습니다. 책을 읽거나 드라마를 연구하면 막힌 부분이 뚫릴 것이라는 막연한 희망이라도 있었는데, 두 가지를 다 해본 뒤에도 해결책이 없으니 어찌할 줄 몰라 난감했습니다.
　이때쯤 설교 스타일에 대한 혼란이 찾아왔습니다. 제 설교가 연역적 설교도 아니고, 귀납적 설교도 아니고, 대지 설교도 아니고, 주제 설교도 아닌 것 같은 이상한 설교처럼 느껴졌습니다. 투수가 투구 폼이 흔들리듯 설교에 대한 자신감도 떨어지고, 내가 하는 것이 설교가 맞는지조차 의심이 들었습니다.

이때 찾아오는 것이 표절의 유혹입니다. 유명한 설교자의 설교를 듣거나 책을 읽으면 너무 좋아 보입니다. 내가 가지지 못한 참신한 아이디어, 인사이트, 적용이 매력적입니다. 그런데 상대적으로 자신의 설교는 내용도 빈약해 보이고, 신선함도 떨어지는 것 같고, 뻔한 이야기를 하는 것 같은 느낌이 강하게 듭니다. 여기서 길을 잘못 들어서면 깊이 있는 설교자로 세워지는 길은 점점 멀어지게 됩니다.

유명한 설교자들의 책과 설교를 일부러 멀리했습니다. 뭔가 결단을 해야 할 때라는 생각이 들었기 때문입니다.

멘토 되시는 이연길 목사님께 연락해서 상황을 이야기하고 조언을 구했습니다. 그때 목사님이 하신 조언은 간단했습니다.

"다른 방법을 찾지 말고 본문과 더 깊이 씨름을 하십시오."

본문 속에서 아무리 찾아도 못 찾아서 다른 탈출구를 찾고 있었는데 본문과 더 씨름하라는 가장 기본적이고 원론적인 조언을 해주신 것입니다. 맞습니다. 설교가 깊어지기 위해서는 본문과 더 씨름하는 방법밖엔 다른 방도가 없습니다. 본문과 계속해서 씨름을 하다 보면 아무것도 보이지 않던 본문이 대화를 걸어옵니다. 전혀 특별해 보이지 않았던 단어에서 실마리가 풀리고, 본문으로 더 깊이 들어가는 길이 보입니다.

설교자에게 설교의 정체기는 주기적으로 찾아옵니다. 그 주기가 길기도 하고 짧기도 합니다. 이때는 본문과 더 오래 씨름을 하는 방법밖엔 다른 방법이 없습니다. 본문의 묵상이 깊어지면 독서를 통해 얻게 된 통찰과 다른 연구의 결과가 덩달아 빛을 발하게 됩니다. 그런데 본문 묵상이 깊지 못하면 다른 것을 아무리 덧붙여도 소용이 없습니다. 마치 신선하지 않은 재료로 끓인 국에 조미료를 아무리 넣어도 깊은 맛을 내지 못하는 것과 같은 원리입니다.

설교자의 생명은 자기 스타일에 있습니다. 하나님은 설교자에게 고유의 감정과 이성과 경험을 각각 다르게 주셨습니다. 하나님이 주신 각자의 장점을 가지고 자기만의 설교를 하길 원하십니다. 자기 스타일로 설교하려면 본문과 깊이 씨름해야 합니다. 때론 설교하는 길을 잃어버렸다고 느낄 때도 있습니다. 그때도 본문과 오래 씨름하는 훈련을 거쳐야 좋은 설교자로 거듭나게 됩니다.

이 과정을 거칠 때 설교자도 성장하고, 성도들도 성장합니다. 설교자가 성경에 대해서 깊은 존경과 신뢰를 하고 말씀을 연구할수록 성도들도 말씀을 대하는 태도가 달라집니다. 가장 좋은 설교자는 좋은 내용을 듣기 좋기 전해 주는 것이 아닙니다. 성경에 기록된 하나님의 약속이 진짜라는 것과 말씀의 약속을 붙들면 하나님은 그 말씀대로 이루신다는 확신을 심어주는 것입니다. 감사하게도 지난 16년간 조금씩 설교자로 깊어지는 경험을 했습니다. 저와 함께 우리 성도들도 말씀에 대한 신뢰가 더 깊어졌습니다. 우리 교회가 지나온 길에 늘 하나님이 말씀하셨고, 그 약속의 말씀을 이루시는 하나님의 능력을 경험했습니다.

설교자가 가장 중요하게 생각해야 할 것을 몇 가지 나누려고 합니다.

첫째, 설교자는 하나님의 말씀을 가장 귀하게 여겨야 하는 사람입니다.

설교자가 말씀을 존귀하게 대하지 않으면 성도들도 말씀에 대해서 존중하지 않습니다. 설교자가 말씀을 대하는 존경의 태도만큼 성도들도 말씀을 사랑합니다.

둘째, 설교자는 하나님의 임재 속에서 말씀을 선포해야 합니다.

설교자가 아무리 설교를 잘 준비해도 선포할 때 하나님의 영이 임하지 않으면 그 설교는 힘이 없습니다. 설교자로서 가장 중요한 것은 설교를 잘하려고 하는 것이 아닙니다. 그날 겸손하게 성령 하나님의 임재를 구하는 것입니다.

셋째, 설교자는 자신에게 설교하듯 설교를 준비하고 선포해야 합니다.

설교자가 청중에게 하는 메시지는 힘이 없습니다. 설교가 설교자 자신에게 하는 메시지일 때 힘이 있습니다. 설교자 자신이 하는 메시지에 설교자의 영혼이 반응한다면 청중들은 저절로 그 말씀에 반응하게 될 것입니다.

넷째, 설교자는 성경 말씀에 모든 것을 맡겨야 합니다.

설교자의 말은 힘이 없습니다. 설교자의 입으로 나오는 성경 말씀이 힘이 있습니다. 설교자는 설교를 작성할 때부터 내 생각으로 설교를 작성하지 말고, 성경 본문이 이끄는 대로 따라가야 합니다. 설교자가 성경을 해석하는 것이 아니라 성경이 설교자를 해석하게 해야 합니다. 성경이 설교자를 통해 말하도록 해야 합니다.

7

요셉의 구덩이에 던져지다

장모님이 늦은 나이에 신학을 공부하시고, 교회를 개척하는 바람에 아내는 선택의 여지도 없이 어릴 때부터 개척 교회에서 모든 일을 다 담당해야 했습니다. 반주, 교사, 성가대 지휘, 어린이 설교 등등 웬만한 전도사들도 못 해내는 일을 혼자 다 해냈습니다. 아내의 학창 시절과 청춘은 개척 교회에 매여 있었습니다. 본인이 하고 싶은 일이 있어도, 가고 싶은 곳이 있어도 마음대로 가지 못했습니다. 교회 때문에 자신이 하고 싶은 일은 늘 우선순위에서 밀려야 했습니다. 그리고 개척 교회가 가족 같은 면도 있지만, 너무 밀착되어 있어 겪게 되는 힘겨움을 아내는 고스란히 다 겪었습니다.

아내는 남편감으로 신학생을 만나고 싶어 하지 않았습니다. 그런데 신대원에서 저를 만났습니다. 결혼을 생각할 즈음에 아내가 저한테 한 가지 확인을 받았습니다.

"목회하더라도 개척 교회는 하지 마라."

아내의 마음이 담긴 간곡한 부탁이었습니다.

"내가 목회를 하더라도 개척을 할 일은 전혀 없으니까 걱정하지 마라."

이렇게 자신 있게 이야기했습니다. 이 말은 제가 아내에게 확신을 주려고 했던 말이기도 했지만, 사실 스스로 하는 다짐이기도 했습니다. 아내 못지않게 저에게도 개척 교회를 하지 말아야 할 분명한 이유가 있었기 때문이었습니다.

믿는 가정에서 태어나 어릴 때부터 신앙생활을 한 분들은 대부분 회심의 경계가 모호합니다. 언제 회심을 경험했는지, 언제부터 하나님을 믿게 되었는지 모르는 경우가 많습니다. 믿지 않은 것은 아닌데, 하나님과의 '찐한' 회심과 변화의 체험이 없이 가랑비에 옷 젖듯이 믿음이 생겨버린 경우가 많습니다. 신앙생활과 교회생활의 차이를 확연히 구분하기 힘든 경우도 있습니다. 자연히 믿음으로 자신에게 일어난 변화라든지, 누군가에게 복음을 설명하고 전도하는 부분이 약합니다. 믿음에 대한 구체적인 사건과 경험이 있기보다 추상적인 개념을 가지고 있는 경우가 많습니다.

가장 좋아하는 찬양이 무엇이냐고 질문을 받을 때 많은 사람이 선택하는 대표적인 곡이 두 곡 있습니다. "그 크신 하나님의 사랑"(새찬송가 304장) 과 "주 예수보다 더 귀한 것은 없네"(94장)입니다. 이 곡의 가사를 보면 정말 하나님이 얼마나 우리를 사랑하셨는지, 십자가 사랑이 얼마나 귀한지를 구구절절 잘 말해 줍니다. 그런데 이 두 곡은 저에게 가장 지루하고 부르기 싫었던 찬양이었습니다. 이유는 찬송가 중에서 가장 길고 느리게 부르는 곡이기 때문이었습니다. 십자가 사랑을 경험하고 난 뒤에 이 두 곡이 너무나 좋습니다. 그런데 모태신앙으로 자랄 때는 그렇지 못했습니다.

이런 사람이 목회자가 되어 교회를 개척한다는 것이 말이 되지 않았습니다. 개척 교회는 예수님을 모르는 사람들에게 복음을 전해서 예수님을 믿게 하고, 신앙으로 양육해서 그리스도의 제자로 살게 해야 하는 목회입니다. 그런데 저에게는 믿지 않는 사람들에게 복음을 전해서 예수님을 믿게 할 재주가 없었습니다. 정확하게 말하면 무엇을 말해야 할지, 어떻게 말해야 할지 몰랐습니다.

교회 안에 있는 사람들에게 성경 활용법을 가르치는 일은 잘 할 수 있겠다고 생각했습니다. 성경을 더 알기를 원하는 사람들에게 성경을 연구해서 가르치는 것은 얼마든지 할 수 있겠다고 생각했습니다. 자연히 저의 목회는 기존에 있는 신자들을 양육하는 목회가 될 수밖에 없었습니다. 불신자를 전도해서 예수님을 믿게 하고, 그들을 제자로 세우는 개척 교회는 제가 할 수 있는 영역이 아니라고 여기고 있었습니다.

그런데 미국에 와서 저에게 주어진 교회는 저의 기대와는 전혀 다른 교회였습니다. 유학생들로 구성된 개척 교회나 마찬가지인 작은 교회였습니다. 유학생 중에서 신앙이 좋고 훈련된 유학생들은 우리 교회로 오지 않았습니다. 차를 타고 30~40분 가더라도 댈러스에 있는 규모가 있는 교회들에 출석했습니다. 우리 교회로 오는 경우는 미국에 올 때 우리 교회로부터 도움받은 사람들, 차가 없어서 멀리 가고 싶어도 못 가는 사람들, 한 번도 교회 가본 적이 없지만, 한국 음식이 그리워서 오는 사람들, 심심해서 교회에 오는 사람들이 대부분이었습니다.

정말 난감했습니다.

'내가 잘 할 수 있는 것은 기존 성도들을 성경 공부와 설교를 통해 양육하는 일인데, 어떻게 하나님은 내가 할 수도 없는 사역을 맡기시는가?'

'개척 교회도 못 하겠다는 저를 한국도 아니고, 미국으로 부르셔서 감당할 수도 없는 사람들을 맡기시는가?'

'32살의 젊은 나이에 공부도 못하게 하시면서 왜 이런 사역을 하라고 하시는가?'

이해가 되지 않았습니다. 마치 한국에서 미국으로 유학을 온 것이 아니라 유배를 온 느낌이 들었습니다.

이때 들려오는 동기들의 소식은 저를 낙심시키기에 충분했습니다. 미국에서 학위를 끝낸 친구들의 소식, 크고 좋은 교회에서 사역을 하는 친구들의 소식에 상대적으로 뒤처졌다는 생각에 박탈감을 느끼기도 했습니다. 더 무서운 것은 하나님이 이곳에서 영영 빼낼 줄 것 같지 않은 두려움이었습니다.

내 인생과 사역은 여기서 끝나는구나!

이런 절망이 찾아왔습니다.

마치 형들의 손에 의해서 구덩이에 처박혀 버린 요셉의 처지 같았습니다. 요셉이 아무리 살려 달라고 부르짖어도 형들은 요셉의 말을 들어 주지 않았습니다(창 42:21-22). 아무리 기도해도, 하나님께 부르짖어도 제가 처한 상황은 달라질 기미가 보이지 않았습니다. 어쩔 수 없이 복음에 관한 연구가 시작되었습니다. 연구하고 싶어서 한 것이 아니라 그것 외에는 할 수 있는 것이 없었기 때문에 억지로 한 것입니다. 책을 읽고, 영상을 찾아보면서 조금씩 뭘 전해야 하는지, 복음을 어떻게 설명해야 하는지 감이 잡히기 시작했습니다. 학생들과 복음을 나누기 시작하면서 학생들이 복음을 알아듣기 시작했습니다. 복음을 연구하고 전하면서 바울이 이야기한 "복음을 부끄러워하지 않는다", "복음은 모든 믿는 자에게 구원을 주시는 하나님의 능력"이라는 말이 실제로 체험되었습니다. 복음에 대해서 명확해지니까 하나님의 말씀에 대한 더 큰 확신이 생겼습니다. 기도하는 것도 달라지고, 예배를 드리는 이유도 명확해졌습니다. 내가 맡은 성도들에게 사역하기 위해서 연구한 복음이 나를 살아나게 한 것입니다.

동시에 교회 안에 복음을 제대로 알지 못하고, 복음을 믿지도 않으면서 신앙생활을 하는 사람들이 있다는 것이 보였습니다. 교회생활은 너무 잘 알고 잘하고 있는데, 진짜 복음을 믿고 그 능력으로 살아가지 못하는 사람들이 많다는 것이 보이기 시작했습니다.

오랫동안 신앙생활 했지만 신앙이 성장하지 않는 이유, 기도하는데 기도의 응답을 받지 못하고 힘을 얻지 못하는 이유, 말씀을 읽어도 확신을 가지지 못하는 이유가 복음의 기초가 제대로 세워지지 않았기 때문이라는 사실을 알게 되었습니다. 집을 지으려면 제대로 된 기초를 다져야 하듯이, 우리의 신앙도 제대로 된 복음의 기초 위에 세워져야 건강하게 성장할 수 있습니다.

이 과정을 거치면서 우리 교회에 가장 중요한 것이 복음을 전하는 일이 되었습니다. 우리 교회 새가족 성경 공부의 가장 첫 번째자 중요한 시간은 제가 복음을 전하는 시간입니다. 복음에 대해서 충분히 설명하고, 이해했는지 확인하고, 예수님을 그들의 삶에 구주와 주인으로 모시도록 합니다.

  요셉의 구덩이 같았던 3년은 저에게는 정말 고통의 시간이었습니다. 동시에 저를 진정한 목사로 거듭나게 하기 위한 하나님의 용광로였습니다. 하나님의 용광로에서 복음의 능력에 대해서 무지했던 목사를 복음의 능력을 아는 목사로 다시 태어나게 하셨던 것입니다. 닭인데도 알을 낳지 못하는 생명력 없는 목사를 생명의 알을 낳을 수 있는 목사로 만들어 주신 것입니다.

  요셉의 인생에 가장 고통스러운 순간은 형들의 손에 의해서 던져진 구덩이와 보디발에 의해서 던져진 감옥이었을 것입니다. 그 시간은 요셉에게 가장 큰 고통을 준 동시에 요셉의 인생에 가장 큰 변화를 주었습니다. 형들에 의해서 던져진 구덩이는 요셉을 애굽으로 이끌었고, 보디발에 의해서 던져진 감옥은 요셉을 바로의 왕궁으로 이끌었습니다. 요셉이 던져진 구덩이와 감옥에 하나님이 함께 계셨습니다. 요셉이 가장 있기 싫어하는 자리에 있게 하시면서 하나님은 요셉을 가장 있어야 할 곳으로 인도하셨습니다.

  개척 교회를 하는 것을 죽도록 싫어했던 저를 요셉의 구덩이에 던져 넣으시고, 개척 교회를 해야 할 이유를 가르쳐주셨습니다. "개척 교회를 절대로 하지 않겠다"라고 말하던 제가 "개척 교회를 해봐야 하나님의 살아계심을 경험한다"라는 말을 하고 다닙니다. 하나님의 인도하심이란 우리의 짧은 생각으로는 알 수 없는 영역입니다. 그러나 분명한 것은 하나님의 인도하심은 이유가 있으시고, 반드시 그 일을 통해 선을 이루신다는 것입니다.

에필로그

대학생활을 시작하고 얼마나 지나지 않았을 때입니다. 길을 걷다가 우연히 제 머리를 스친 성경 구절이 하나 있었습니다.

> 범사에 감사하라 이것이 그리스도 예수 안에서 너희를 향한 하나님의 뜻이니라 (살전 5:18).

"범사에 감사하라"는 말이 목에 가시처럼 걸려서 넘어가지 않았습니다.

'사람이 어떻게 범사에 감사할 수 있나?'
'감정도 없이 로봇처럼 살라는 말인가?'
'이것이 어떻게 하나님의 뜻일 수가 있나?'

며칠을 그 생각을 머릿속에 넣고 살아가고 있었습니다. 어느 날 머릿속을 스쳐 지나가는 생각을 하나 있었습니다.
'감사하라고 했지, 감사를 느끼라고 하진 않았잖아.'
생각해 보니까 모든 일에 감사를 느낄 수는 없어도 의지적으로 감사를 할 수 있겠다는 생각이 들었습니다.

그날 인생에 중요한 결정을 하나 내렸습니다. 그리고 하나님께 기도했습니다.

> 하나님, 하나님 말씀대로 모든 일에 의지적으로 감사하겠습니다. 그런데 하나님이 저에게 해 주셔야 할 일이 있습니다. 제가 왜 감사해야 했는지 이유는 반드시 알려주십시오. 5년이 지나고, 10년이 지나고, 20년이 지나도 좋으니까 제가 왜 그 사건에 대해서 감사했어야 했는지 그 이유만 알려주시면 저는 어떤 일도 불평하지 않고 모든 일에 감사하겠습니다.

그다음부터 저는 많은 것을 도둑맞았습니다. 미니 카세트 플레이어(MyMy) 두 개, 자전거 한 대, 50cc 소형 오토바이(Super Cap) 한 대. 처음 미니 카세트 플레이어를 도둑맞았을 때 참 괴로웠습니다. 속으로 꾹 참고 기도했습니다.

"하나님, 감사합니다. 제가 감사해야 할 이유는 반드시 알려주세요."

얼마 지나지 않아서 정말 하나님이 제가 왜 감사해야 할 이유를 깨닫게 해 주셨습니다. 물건을 잃어버리는 일이 반복되면서 이상한 현상이 제게 일어났습니다. 물건을 잃어버린 일이 제 삶을 흔들어 놓지 못했습니다.

책 하나 잃어버려도 온종일 일이 손에 잡히지 않는 성격이었던 제게 그것은 큰 변화였습니다. 자전거를 잃어버렸을 때도 이렇게 말하게 되었습니다.

"하나님 가져가셨네요. 감사합니다. 이유는 꼭 알려주세요."

그리고는 제가 할 일을 했습니다. 대학 졸업반인 4학년 때는 소형 오토바이를 잃어버렸습니다. 그 당시 거금을 주고 마련한 것이기에 소중한 것이었습니다. 그런데 오토바이를 잃어버린 다음 날 아침에 웃으면서 등교했습니다.

"할렐루야, 하나님 가져가셨네요. 감사합니다. 이유를 꼭 알게 해 주세요."

감사가 제 인생을 바꿔 놓아 버렸습니다.

이후로 인생의 어려움이 닥쳐와도 하나님께 감사했습니다. 지난 16년의 목회 여정 속에 정말 어려운 일들이 많았지만 견뎌낼 수 있었던 것은 대학교 때 하나님께 약속했던 바로 그 감사의 삶 때문이었습니다. 하나님은 제게 말씀으로 약속을 주시고, 그 약속을 신실하게 이루셨습니다. 저의 길을 멈추지 말아야 할 이유가 바로 그분 때문입니다.

신명기 설교를 마무리하면서 모세의 인생을 바라보며 썼던 저의 고백입니다.

<하나님의 손에>

하나님의 손에 붙들려서 한평생 살고프다.
종착역이 어디인지 정해놓지 않은 채
그분의 손이 이끄시는 대로 성령님의 인도에 몸을 맡기고
달리다 달리다 다다른 그곳이 하나님의 품이 되고 싶다.